中央高校建设世界一流大学学科和特色发展引导专项资金资助
中央高校基本科研业务费资助
国家自然科学基金重点项目(71632006)
国家自然科学基金面上项目(72072107)

增值税环境下的公司财务问题研究

苏宏通　著

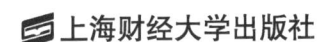

上海财经大学出版社

图书在版编目(CIP)数据

增值税环境下的公司财务问题研究 / 苏宏通著. —上海：上海财经大学出版社,2022.12
ISBN 978 - 7 - 5642 - 4108 - 7/F.4108

Ⅰ.①增⋯ Ⅱ.①苏⋯ Ⅲ.①公司-财务管理 Ⅳ.①F276.6

中国版本图书馆 CIP 数据核字(2022)第 235165 号

□ 策划编辑　刘光本
□ 责任编辑　李嘉毅
□ 封面设计　贺加贝

增值税环境下的公司财务问题研究

苏宏通　著

上海财经大学出版社出版发行
(上海市中山北一路369号　邮编200083)
网　　址:http://www.sufep.com
电子邮箱:webmaster@sufep.com
全国新华书店经销
江苏苏中印刷有限公司印刷装订
2022 年 12 月第 1 版　2022 年 12 月第 1 次印刷

710mm×1000mm　1/16　12.5 印张(插页:2)　186 千字
定价:69.00 元

前　言

　　自新中国成立以来,为了适应不同时期的社会、政治、经济的发展需要,我国的税收制度经历了数次重大的改革,但是,在税制结构中流转税占主导地位这一特点是保持不变的。在中国,流转税占国家财政税收重要部分,而流转税中,增值税是处于主体地位的。据财政部报告,2021年全国税收收入172 730.47亿元,其中国内增值税63 519.00亿元,企业所得税42 041.00亿元,分别占36.77%和24.34%。可以说,在中国,除了企业所得税,流转税尤其是增值税是占用公司现金的一大重要税负,对公司的收益底线产生重大影响。从世界税制来看,增值税也是各国的重要税种之一。

　　但是目前从微观层面对公司的财务决策和会计信息进行研究讨论时,往往着重于分析企业所得税带来的影响,而忽视了对流转税的分析。本书结合我国税制以流转税为主体的实际情况,将公司的会计行为以及财务决策放在流转税的环境中进行分析,在丰富相关研究的同时,为解释我国公司经济行为提供了新的视角。

　　全书结构如下:第一章介绍研究动机、研究内容及研究框架。第二章介绍以发达国家为主的经济合作与发展组织(OECD)国家的税制概况,以及我国税收制度的演变历程,帮助读者站在全球视角上观察世界税制的现状和趋势,并了解我国税制的发展逻辑。第三章梳理了公司财务研究中税收与公司盈余管理、税收与公司投资决策、税收与公司价值相关的文献。第四章研究我国税制下,公司不同的商业经营行为、不同的会计盈余承担的税负差别,以及我国公司增值税成本的黏性特征。第五章讨论税收成本对公司经营决策以及盈余管理决策的影响。第六章着重分析增值税与公司投资决策的关系。第七章研究企业所得税、增值税与公司价值之间的关系,实证检验了公司税收信息对股价的增量解释力。

  希望本书能够为对公司财务问题研究,尤其是对公司税务行为研究有兴趣的学者开拓研究思路。最后,要特别感谢上海财经大学朱凯教授对本书的写作提供的指导与帮助,也感谢上海财经大学出版社给予的大力支持。

苏宏通
2022 年 12 月

目 录

第一章 导论 /1
    第一节 研究动机 /1
    第二节 研究内容 /3
    第三节 研究框架 /5

第二章 发达国家税制比较与中国税收制度背景 /7
    第一节 发达国家税制比较 /7
    第二节 中国的税收制度背景 /19

第三章 文献回顾 /36
    第一节 税收与盈余管理相关文献 /36
    第二节 税收与投资决策相关文献 /38
    第三节 税收与公司价值相关文献 /41

第四章 公司的税收成本与税负黏性 /45
    第一节 增值税环境下公司税收成本分析 /45
    第二节 增值税税负黏性研究 /54
    第三节 本章小结 /75

第五章　公司的税收成本与经营决策 /78
　　第一节　理论分析与研究假说 /81
　　第二节　研究设计 /85
　　第三节　实证结果与分析 /89
　　第四节　本章小结 /103

第六章　增值税与公司投资决策 /105
　　第一节　理论分析与研究假说 /107
　　第二节　研究设计 /111
　　第三节　实证结果与分析 /116
　　第四节　本章小结 /134

第七章　企业所得税、增值税与公司价值 /135
　　第一节　企业所得税与公司价值 /135
　　第二节　增值税的价值相关性 /151
　　第三节　"营改增"的市场反应 /160
　　第四节　本章小结 /169

第八章　结论与展望 /171

参考文献 /174

第一章 导 论

第一节 研究动机

经济学和财政学中的税务研究有很长的历史,但是会计学科中的税务研究起步相对较晚。早期的税收研究较多是从国家经济发展和财政制度等宏观角度,分析评估税收的分配及效率效应,讨论中国税制的改革方向。直到 20 世纪 80 年代后期,斯科尔斯(Scholes)和沃尔夫森(Wolfson)在其出版的《税收与企业经营战略:筹划方法》一书中指出从微观经济学角度研究税务,理解税在经济组织中扮演的角色,也具有非常重要的意义,并且提出了一套相关的研究范式和研究框架。自此引起了会计研究人员对税务研究的兴趣。

斯科尔斯和沃尔夫森提出在研究经济组织的税务行为时,要注意三点:(1)所有相关利益者,即经济组织在进行税务规划时需要考虑对所有相关利益者的影响;(2)所有税种,即经济组织在进行税务规划,设计最优税收负担时,需要考虑所有税种的成本,包括直接和间接的税收负担;(3)所有成本,税收成本只是经营过程中发生的成本的一种,经济组织在进行税务规划时还需要考虑例如重组业务带来的额外成本。以往许多研究在回答税收在公司经营决策中是否重要的问题时,基本上着眼于"所有成本",即理解企业的税务行为还需要考虑非税的因素,有效的税收筹划并不能与税负最小化画等号,税收成本最小化有可能不是经济组织的最优战略。部分研究会从多边合同的角度体现"所有相关利益者"。但是较少研究会考虑"所有税种",大多数研究着重于企业所得税,而忽略了其他税种,例如流转税的重要性。

在中国,包括增值税、消费税在内的流转税是国家财政税收收入的重要来源。据财政部报告,2017 年全国税收收入 144 369.87 亿元,其中国内增值税 56 378.18 亿元,企业所得税 32 117.29 亿元,分别占 39.05% 和 22.25%。[①] 2020 年 5 月,中共中央、国务院发布《关于新时代加快完善社会主义市场经济体制的意见》,明确提出要深化税收制度改革,完善直接税制度并逐步提高其比重。2021 年全国税收收入 172 730.47 亿元,其中国内增值税 63 519.00 亿元,企业所得税 42 041.00 亿元,分别占 36.77% 和 24.34%。[②] 企业所得税作为直接税的比重正在逐年提高,但是增值税仍占较高比重。可以说,在中国,除了企业所得税,流转税也是占用公司现金的一大重要税负,对公司的收益底线产生重大影响。

但是目前从微观层面对公司的财务决策和会计信息进行分析时,往往着重于分析企业所得税带来的影响,而忽视了对流转税的分析。造成相关研究尚不完整的原因众多。

一方面,数据难得。目前上市公司的财务报告并没有详细地单独披露各项税收的缴纳金额,部分上市公司在年报附注中会披露详细的税收缴纳情况,但是该披露为自愿披露,且没有严格的披露格式,从而给搜集数据进行深入研究造成了麻烦。

另一方面,中美税制不同。《美国税制研究》[③]对美国 1960 年至 2016 年联邦政府各主要税收来源占联邦税收收入比例变化情况进行了统计。美国联邦政府税收的长期结构大致稳定。所得税收入占税收收入总额的比重长期比较稳定,是美国税收收入的主要来源,约为 60%~73%。美国采用以

---

① Wind 数据库。
② Wind 数据库。
③ 张京萍,陈宇.美国税制研究[M].北京:经济科学出版社,2017.

所得税为主体税种的税制结构模式,其中个人所得税和社会保障税是美国的两大主体税种。具体而言:(1)个人所得税占税收总额比重约为46%~55%,所占比重最高,而且从长期来看,美国个人所得税所占比重呈增长的趋势。(2)社会保障税的比重从1960年的12.16%逐步增长到1985年的30.32%,此后均保持在30%以上,逐渐超过公司所得税和消费税的比重,在1970年成为仅次于个人所得税的第二大税种。(3)企业所得税自1960年以来整体上呈现下降趋势,1980年以后大致占税收总收入的8%~13%。(4)自1960年以来消费税的比重整体上看也呈现下降的趋势,占税收总额的比重为1.8%~12.9%,2000年以后约为2%。(5)遗产税和赠与税占税收收入的比重最小,两者相加占税收收入的1%~2%,且其所占比重长期保持稳定。从美国主要税种占税收总额比重的长期趋势来看,美国采用以所得税为主体税种的税制结构,消费税这类流转税占美国税收收入的比例很小,且美国没有设置增值税这个税种,因此美国财务领域的学术研究框架中并不重视对流转税的研究。基于此,长期以来国内学者在借鉴国际研究范式时,往往忽略了对流转税的研究。

本书的研究动机就是结合我国税制以流转税为主体的实际情况,将公司的会计行为以及财务决策放在流转税的环境下进行分析,丰富相关文献的同时,为解释我国公司的经济行为提供新的视角。

第二节 研 究 内 容

第一章介绍中国的税收制度背景。自1949年新中国成立以来,中国财政走过了七十多年的改革与发展历程:从为国家财税奠基到支撑社会主义工业化建设的财税体制格局,从建立适应计划经济体制的财税体制到建立匹配国家治理现代化的现代财政制度。财政是国家治理的基础和重要支柱,公司的发展是财政收入不断厚实的源泉,公司的规模决定财政的规模,财政则通过确定财政收支规模和结构以及确保收支平衡等财政政策,在宏观上对公司施加影响,在制定财政政策时正确处理财政和公司的关系,考虑公司的实际情况,以促进公司发展、为公司发展创造环境为出发点,确保财政收入可持续地健康增长。

第二章介绍了我国税收制度背景及发展脉络,弄清楚我国税制前后承继创新的有机联系和发展逻辑。此外,第二章还介绍了以发达国家为主的经济合作与发展组织(OECD)国家的税制改革,以帮助我们站在全球视角上观察世界税制的现状和趋势。

第三章对与本书研究内容相关的以往文献进行梳理,主要梳理了税收与公司盈余管理、税收与公司投资决策、税收与公司价值相关的文献。

第四章研究在我国税制下,公司不同的商业经营行为、不同的会计盈余承担的税收和税负水平的差别,以及我国公司增值税成本的黏性特征。实证检验税制对公司税收成本的影响,检验增值税和所得税是否存在黏性,进一步深入分析公司的税务信息,并分析税收监管、经营风险、政治关系对税负黏性的影响。此外,实证检验了微观层面公司的税负黏性与宏观层面税收超GDP增长之间的关系,为我国税收超GDP增长的现象提供新的解释。

在分析了在我国税制下的公司税收成本特征的基础上,第五章讨论税收成本对公司经营决策和盈余管理决策的影响,进一步分析税收优惠政策、不同产权性质下的税收敏感性对公司的经营决策、盈余管理决策的影响,以及公司盈余管理与前文讨论的税负黏性的关系。

第六章分析增值税与公司投资决策的关系,将税负区分为增值税和所得税,检验公司的预期税负与投资的关系,并且从国有股权与非国有股权之间的代理问题出发,讨论税收在不同产权下对投资的不同影响。具体而言,区分增值税与所得税,实证检验了预期税负对公司投资规模的影响,并且比较不同控股权结构的上市公司的投资与预期税负之间敏感性的差别。此外,利用增值税转型的自然实验,检验资本市场对公司投资带来的增值税税负变化的反应。

增值税作为价外税,是否与公司价值相关,对增值税信息的披露是否具有决策有用性,也是本书探讨的问题。第七章实证检验了企业所得税、增值税与公司价值之间的关系、增值税税收信息的披露对公司盈余变化的价值相关性的影响,并检验了税收信息对股价的增量解释力。另外,利用"营改增"进行事件研究,从公司的整体税负角度讨论"营改增"的影响,实证检验了资本市场对"营改增"政策的反应,进一步检验"营改增"对公司会计盈余的价值相关性的影响。

第八章为结论与展望。

本书的行文逻辑如图 1.1 所示,首先从两个角度分析公司的增值税成本,一个是增值税成本与公司盈余结构的关系,另一个是税负黏性特征,并且为宏观上税收超 GDP 增长现象提供了一个可能的解释;其次分析包括增值税、企业所得税在内的税收成本对公司经营、投资决策的影响;最后分析在其他条件不变的情况下,仅税收成本本身,尤其是增值税的税负水平及其变化与公司价值的关系。

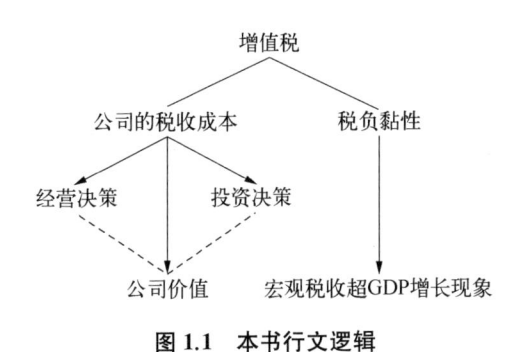

图 1.1 本书行文逻辑

第三节 研究框架

本书第一章为导论;第二章主要介绍世界各国税制比较以及中国税收制度背景;第三章是相关文献回顾,主要从三个方面进行文献梳理,分别是税收与盈余管理相关文献、税收与投资决策相关文献、税收与公司价值相关文献;第四章的主要研究内容是公司的税收成本分析、税负黏性特征及其影响因素;第五章的主要研究内容是公司的税收成本对经营决策、盈余管理决策的影响；第六章的主要研究内容是增值税对公司投资决策的影响；第七章的主要研究内容是企业所得税、增值税的信息含量及其与公司价值的关系；第八章是结论与展望。本书的整体研究框架如图1.2所示。

```
提出问题          第一章 导论

制度背景          第二章 发达国家税制比较与中国税收制度背景
                 ├── 发达国家税制比较
                 └── 中国的税制改革回顾

文献综述          第三章 文献回顾
                 ├── 税收与投资决策相关文献
                 ├── 税收与盈余管理相关文献
                 └── 税收与公司价值相关文献

理论与            第四章              第五章              第六章              第七章
实证分析          公司的税收成本      公司的税收成本      增值税与公司        企业所得税、增
                 与税负黏性          与经营决策          投资决策            值税与公司价值

结论              第八章 结论与展望
```

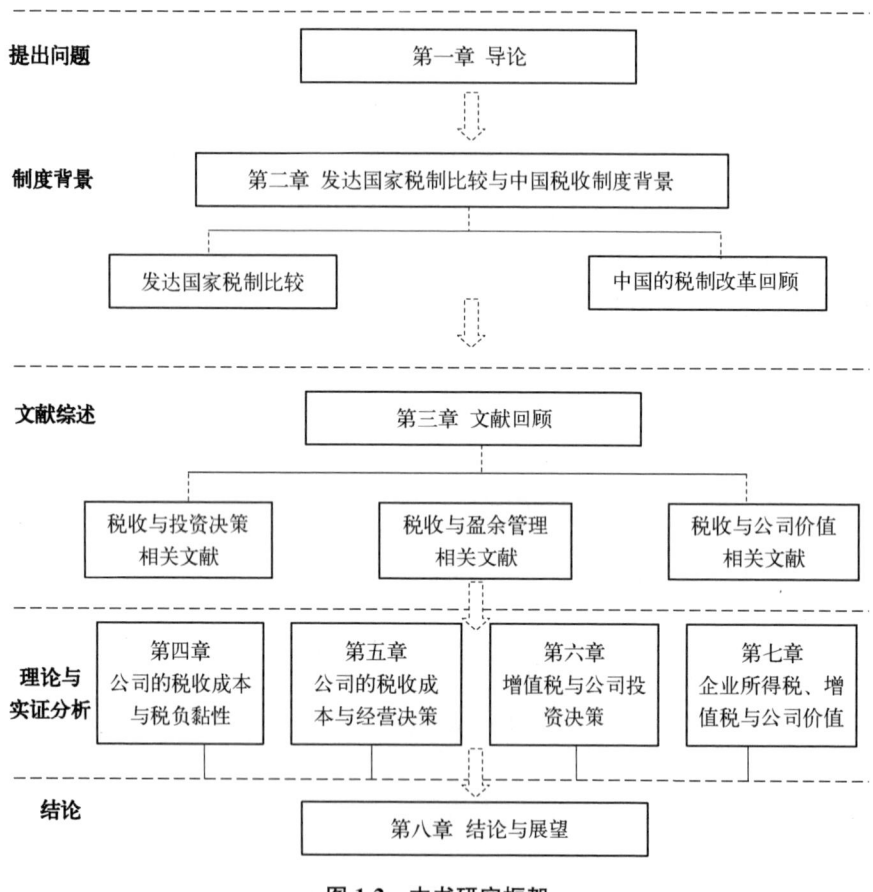

图1.2　本书研究框架

第二章 发达国家税制比较与中国税收制度背景

第一节 发达国家税制比较

一、发达国家宏观税负的变化趋势

税收与经济增长的关系是宏观经济学研究中的一个重要问题。经济增长是税收增长的源泉，反过来，税收政策又是政府调节经济的重要工具。如何缓解经济波动，保持财政收入、税收收入的稳定健康增长是各国政府需要审慎面对和解决的一个重要问题。发达国家长期以来主导了世界税制改革的方向，影响着其他国家的税制改革历程，以发达国家为主的OECD国家的税制改革一定程度上代表了世界税制的现状和趋势。表2.1是OECD国家宏观税负的情况，自1965年以来总体上各国的宏观税负呈上升趋势，平均值从1965年的24.8%逐步上升至1995年的33.3%，1995年以后，OECD成员国的宏观税负平均值基本上保持在33%的水平。

改革开放以来，中国经济保持了长期的、持续的高速增长，被外界称为"中国奇迹"。在改革开放进程中，我国的财税体制以及收入分配状况、宏观税负情况等也都发生了较大的变化。安体富(2002)计算的2002年我国小、

表 2.1　　　　OECD 国家 1965 年至 1996 年税收收入占 GDP 比重　　单位：%

国　　家	1965 年	1970 年	1975 年	1980 年	1985 年	1990 年	1995 年	1996 年
澳大利亚	20.635	21.100	25.374	26.211	27.759	28.107	28.285	28.924
奥地利	33.509	33.586	36.335	38.573	40.436	39.288	41.271	42.641
比利时	30.789	33.425	38.942	40.726	43.714	41.393	42.837	43.351
加拿大	24.976	29.881	31.136	30.322	31.613	35.072	34.628	34.941
智　利						16.889	18.300	19.541
哥伦比亚						11.347	16.032	16.708
哥斯达黎加						22.408	18.927	19.862
捷　克							34.497	33.108
丹　麦	29.125	36.866	37.096	41.499	43.905	44.397	46.499	46.713
爱沙尼亚							34.998	33.824
芬　兰	30.039	31.183	36.139	35.341	39.167	42.934	44.500	45.690
法　国	33.729	33.749	35.009	39.528	42.042	41.173	42.452	43.559
德　国	31.673	31.576	34.331	36.445	36.095	34.803	36.312	35.666
希　腊	17.133	19.219	18.705	20.750	24.557	25.191	28.313	28.455
匈牙利							40.770	39.421
冰　岛	25.729	26.960	29.512	29.163	27.753	30.484	30.725	31.886
爱尔兰	24.541	27.603	27.897	30.111	33.620	32.389	31.772	32.311
以色列							35.315	34.771
意大利	24.581	24.762	24.441	28.624	32.409	36.271	38.455	40.154
日　本	17.264	18.609	19.782	24.032	25.920	27.690	25.401	25.343
韩　国			14.841	16.833	15.620	18.579	18.766	19.359
拉脱维亚							29.732	29.197
立陶宛							27.652	27.264
卢森堡	26.350	22.482	31.373	34.156	37.792	33.498	34.766	34.983
墨西哥				14.169	14.846	12.091	10.110	9.912

续　表

国　家	1965年	1970年	1975年	1980年	1985年	1990年	1995年	1996年
荷　兰	30.480	32.974	37.720	39.748	39.284	39.698	37.248	37.345
新西兰	24.498	26.516	29.994	31.658	31.208	36.175	35.571	33.754
挪　威	29.445	34.260	38.828	41.944	41.867	40.249	39.367	39.292
波　兰							36.577	36.555
葡萄牙	15.669	17.585	18.856	21.886	24.125	26.486	29.281	29.862
斯洛伐克							39.481	38.577
斯洛文尼亚							39.212	38.225
西班牙	14.255	15.459	17.904	21.936	26.764	31.537	31.307	31.110
瑞　典	30.931	35.160	38.347	43.131	44.146	48.777	45.063	46.781
瑞　士	16.021	17.622	21.817	22.567	23.106	23.148	24.947	25.398
土耳其	10.588	9.047	11.601	13.024	11.209	14.537	16.378	18.451
英　国	30.097	35.041	34.174	33.383	35.069	32.869	29.358	29.184
美　国	23.556	25.783	24.653	25.572	24.658	26.033	26.550	27.044

数据来源：OECD Revenue Statistics. https://stats.oecd.org/Index.aspx?DataSetCode=REV#.

表2.2　　OECD国家1997年至2004年税收收入占GDP比重　　单位：%

国　家	1997年	1998年	1999年	2000年	2001年	2002年	2003年	2004年
澳大利亚	28.666	29.432	29.848	30.459	28.927	29.800	29.922	30.218
奥地利	43.440	43.447	43.090	42.285	43.886	42.697	42.409	41.958
比利时	43.812	44.437	44.239	43.849	43.692	43.913	43.344	43.471
加拿大	35.791	35.711	35.487	34.673	34.085	33.081	32.700	32.713
智　利	19.049	18.835	18.079	18.812	19.046	19.091	18.840	19.086
哥伦比亚	17.382	16.352	16.204	15.683	17.328	17.153	17.292	17.969
哥斯达黎加	20.153	20.466	21.199	21.139	21.763	21.839	21.842	21.326
捷　克	33.396	32.298	33.122	32.335	32.405	33.275	34.099	34.495

续 表

国 家	1997 年	1998 年	1999 年	2000 年	2001 年	2002 年	2003 年	2004 年
丹 麦	46.727	47.298	47.875	46.875	45.919	45.405	45.583	46.393
爱沙尼亚	33.553	33.622	32.370	31.087	30.321	30.982	30.771	30.985
芬 兰	44.938	44.792	44.262	45.759	43.115	43.275	42.338	41.748
法 国	43.776	43.537	44.248	43.430	43.101	42.404	42.239	42.413
德 国	35.350	35.539	36.253	36.369	35.127	34.559	34.745	34.329
希 腊	29.561	30.755	31.817	33.424	31.937	33.147	31.493	30.466
匈牙利	37.743	37.461	38.230	38.521	37.600	37.389	37.185	36.973
冰 岛	31.588	33.626	35.919	35.875	34.062	33.767	35.265	36.326
爱尔兰	31.356	30.797	30.835	30.751	28.654	27.872	28.526	29.575
以色列	35.384	34.333	34.187	34.848	34.698	33.927	33.224	33.283
意大利	41.574	39.920	40.793	40.523	40.135	39.619	39.953	39.225
日 本	25.736	25.259	24.803	25.341	25.534	24.504	24.136	24.760
韩 国	18.988	18.954	19.234	20.916	21.201	21.312	21.991	21.177
拉脱维亚	30.280	31.291	30.285	29.085	28.158	27.849	27.464	27.612
立陶宛	31.248	32.761	32.662	30.822	29.357	29.028	28.663	29.025
卢森堡	36.393	37.273	36.149	36.875	37.398	37.290	37.452	36.564
墨西哥	10.500	10.963	11.728	11.462	12.194	12.610	12.671	11.559
荷 兰	36.798	36.254	37.158	36.907	35.612	35.014	34.804	34.809
新西兰	33.932	32.276	32.312	32.538	31.941	33.250	33.162	34.202
挪 威	40.093	41.211	41.535	41.664	41.879	42.221	41.566	42.317
波 兰	36.059	35.268	34.956	32.872	32.829	32.969	32.443	31.935
葡萄牙	29.799	30.058	30.837	30.920	30.707	31.139	30.108	30.224
斯洛伐克	36.480	36.097	34.845	33.633	32.705	32.828	32.552	31.531
斯洛文尼亚	37.109	37.904	38.288	37.748	37.802	38.283	38.429	38.491
西班牙	31.949	32.762	33.136	33.050	32.796	33.244	33.095	34.042

续 表

国 家	1997年	1998年	1999年	2000年	2001年	2002年	2003年	2004年
瑞 典	47.660	47.709	48.230	50.030	47.123	45.127	45.526	45.944
瑞 士	25.075	25.793	25.991	26.973	26.288	26.875	26.207	25.885
土耳其	20.229	20.600	22.546	23.478	25.361	23.826	24.979	23.088
英 国	29.875	31.297	31.977	32.792	32.396	31.503	31.217	32.221
美 国	27.484	27.867	27.932	28.295	27.261	25.011	24.484	24.762

数据来源：OECD Revenue Statistics. https://stats.oecd.org/Index.aspx?DataSetCode=REV♯.

表2.3　　　OECD国家2005年至2012年税收收入占GDP比重　　单位：%

国 家	2005年	2006年	2007年	2008年	2009年	2010年	2011年	2012年
澳大利亚	29.910	29.330	29.455	26.750	25.457	25.183	25.798	26.823
奥地利	41.012	40.408	40.548	41.391	40.980	40.958	41.119	41.767
比利时	43.357	43.218	42.920	43.593	42.699	42.882	43.508	44.331
加拿大	32.661	32.725	32.495	31.235	32.346	31.007	30.803	31.177
智 利	20.725	21.979	22.710	21.406	17.334	19.591	21.116	21.328
哥伦比亚	18.259	19.267	19.299	19.032	18.817	18.096	18.932	19.721
哥斯达黎加	21.770	22.047	23.136	23.692	22.108	22.131	22.649	22.565
捷 克	34.234	33.842	34.102	33.298	32.088	32.229	33.025	33.438
丹 麦	48.004	46.462	46.425	44.765	44.963	44.756	44.793	45.512
爱沙尼亚	29.756	30.437	30.984	31.238	34.952	33.196	31.494	31.700
芬 兰	42.037	42.085	41.400	41.090	40.773	40.562	41.794	42.415
法 国	42.904	43.273	42.545	42.332	41.528	42.145	43.334	44.360
德 国	34.419	34.938	35.375	35.844	36.682	35.531	36.085	36.816
希 腊	31.874	31.050	31.797	31.803	30.752	32.310	34.258	36.343
匈牙利	36.470	36.390	39.293	39.380	38.826	36.898	36.419	39.003

续 表

国　家	2005 年	2006 年	2007 年	2008 年	2009 年	2010 年	2011 年	2012 年
冰　岛	39.317	39.553	38.340	34.196	31.203	32.141	33.197	33.951
爱尔兰	30.042	31.426	30.847	29.093	28.067	27.724	27.786	28.112
以色列	33.640	34.207	34.124	31.832	29.740	30.591	30.819	29.891
意大利	39.047	40.464	41.564	41.596	41.970	41.701	41.637	43.617
日　本	25.827	26.617	27.159	27.049	25.686	26.241	27.132	27.952
韩　国	21.656	22.632	23.730	23.583	22.556	22.378	23.177	23.702
拉脱维亚	27.878	28.647	28.240	27.891	28.167	28.643	28.210	28.952
立陶宛	29.234	30.165	30.061	30.611	30.214	28.285	27.166	26.919
卢森堡	37.748	35.688	36.192	36.756	38.310	37.626	37.096	38.401
墨西哥	11.362	11.588	12.014	12.599	12.467	12.840	12.767	12.649
荷　兰	35.013	36.047	35.685	35.946	34.939	35.656	35.443	35.587
新西兰	36.097	35.300	33.916	32.919	30.238	30.296	30.074	31.636
挪　威	42.549	42.708	42.009	41.269	41.110	41.804	41.921	41.409
波　兰	32.965	33.632	34.634	34.281	31.368	31.327	31.829	32.165
葡萄牙	30.943	31.412	31.846	31.739	29.796	30.366	32.228	31.667
斯洛伐克	31.291	29.333	29.220	29.066	28.891	28.098	29.071	28.739
斯洛文尼亚	39.174	38.715	38.069	37.340	37.139	37.828	37.370	37.679
西班牙	35.243	35.999	36.414	32.103	29.679	31.282	31.190	32.368
瑞　典	47.305	45.908	44.912	43.967	43.697	42.877	41.962	42.125
瑞　士	25.812	25.585	25.398	25.784	26.080	25.620	25.957	25.879
土耳其	23.140	23.371	22.874	22.961	23.318	24.654	25.706	24.760
英　国	32.625	32.842	32.904	32.193	31.043	32.054	32.863	32.121
美　国	26.097	26.775	26.728	25.643	22.911	23.371	23.761	23.916

数据来源：OECD Revenue Statistics. https：//stats.oecd.org/Index.aspx?DataSetCode=REV♯.

表 2.4　　　　OECD 国家 2013 年至 2020 年税收收入占 GDP 比重　　　单位：%

国　　家	2013 年	2014 年	2015 年	2016 年	2017 年	2018 年	2019 年	2020 年
澳大利亚	26.975	27.152	27.743	27.464	28.455	28.534	27.673	
奥地利	42.635	42.699	43.126	41.753	41.873	42.251	42.562	42.132
比利时	45.036	44.756	44.128	43.317	43.850	43.869	42.700	43.067
加拿大	31.132	31.266	32.820	33.258	33.044	33.506	33.808	34.389
智　利	19.860	19.613	20.390	20.131	20.174	21.126	20.891	19.324
哥伦比亚	20.022	19.550	19.903	19.079	18.983	19.265	19.703	18.718
哥斯达黎加	22.979	22.609	22.947	23.486	22.984	23.188	23.579	22.887
捷　克	33.710	32.851	33.134	34.031	34.438	34.982	34.781	34.382
丹　麦	45.888	48.531	46.057	45.494	45.476	44.175	46.603	46.537
爱沙尼亚	31.666	32.135	33.320	33.517	32.548	33.046	33.526	34.512
芬　兰	43.406	43.513	43.524	43.727	42.857	42.386	42.251	41.913
法　国	45.367	45.449	45.281	45.374	46.068	45.878	44.885	45.427
德　国	36.954	36.812	37.263	37.750	37.733	38.430	38.617	38.335
希　腊	35.943	36.302	36.630	38.911	39.291	40.000	39.484	38.781
匈牙利	38.521	38.435	38.697	39.080	37.857	36.820	36.465	35.680
冰　岛	34.319	37.111	35.139	50.286	37.130	36.448	34.844	36.087
爱尔兰	28.673	28.726	23.170	23.551	22.583	22.354	21.903	20.204
以色列	30.623	30.883	31.224	31.126	32.293	30.802	30.211	29.725
意大利	43.828	43.325	42.958	42.242	41.912	41.725	42.415	42.912
日　本	28.557	29.973	30.243	30.279	30.918	31.552	31.412	
韩　国	23.143	23.381	23.737	24.745	25.357	26.686	27.305	27.979
拉脱维亚	29.206	29.768	29.860	30.805	31.201	31.144	31.244	31.913
立陶宛	26.711	27.477	28.677	29.656	29.644	30.227	30.279	31.250
卢森堡	38.202	37.504	36.164	36.328	37.447	39.468	38.949	38.272
墨西哥	13.304	13.694	15.903	16.609	16.080	16.145	16.347	17.933

续 表

国　家	2013年	2014年	2015年	2016年	2017年	2018年	2019年	2020年
荷　兰	36.109	37.047	37.007	38.405	38.701	38.799	39.264	39.676
新西兰	30.465	31.197	31.499	31.383	31.295	32.173	31.456	32.177
挪　威	39.818	38.748	38.421	38.878	38.780	39.368	39.906	38.608
波　兰	32.069	32.070	32.426	33.371	34.118	35.143	35.106	35.981
葡萄牙	33.968	34.182	34.382	34.051	34.112	34.656	34.502	34.754
斯洛伐克	31.003	31.896	32.656	33.158	34.039	34.198	34.571	34.754
斯洛文尼亚	37.242	37.179	37.311	37.385	37.078	37.271	37.168	36.851
西班牙	33.115	33.887	33.842	33.597	33.870	34.662	34.682	36.624
瑞　典	42.500	42.178	42.629	44.092	44.093	43.774	42.833	42.597
瑞　士	26.007	25.908	26.648	26.640	27.351	26.811	27.358	27.588
土耳其	25.156	24.457	24.957	25.128	24.680	23.983	23.103	23.860
英　国	31.947	31.657	31.837	32.429	32.871	32.887	32.718	32.774
美　国	25.481	25.883	26.220	25.877	26.785	24.894	24.969	25.539

数据来源：OECD Revenue Statistics. https：//stats.oecd.org/Index.aspx?DataSetCode=REV#。

中、大口径下[①]的宏观税负分别为14.1%、15.0%和25.1%，陈彦斌和陈惟(2017)测算的2016年我国小、中、大口径下的宏观税负分别为17.5%、21.4%和32.8%。安体富(2002)、陈彦斌和陈惟(2017)均认为大口径的宏观税负是真正地反映了企业和居民负担水平的指标，从这一指标来看，与其他发展中国家相比，我国企业和居民的总体税费负担偏重。刘崇珲和陈佩华(2018)分析了我国宏观税负与微观税负的差异，认为我国企业微观税负重的根源是我国以间接税为主体的税制结构。宏观税负的高低与一国的经济发展水平、经济发展模式、政治体制、政府职能范围、税收制度及征管力度等很多因素相关，最佳税负的范围也是因国而异的。本书希望通过深入分

---

① 税收收入占GDP的比重为小口径的宏观税负，财政收入占GDP的比重为中口径的宏观税负，政府收入占GDP的比重为大口径的宏观税负。

析我国税制特征对微观企业的经济行为的影响,丰富已有研究。

二、发达国家税制结构的演变情况

从主体税种看,发达国家税制结构经历了四个阶段的演变。第一阶段(18世纪中叶工业革命前)主要是征收农业税。第二阶段(18世纪中叶工业革命后至第二次世界大战)以消费税和关税等间接税为主体,直接税为补充。在第三阶段(第二次世界大战至20世纪80年代)现代复合税制起步,以所得税、社会保障税为主体,间接税为补充。20世纪50年代,法国率先征收增值税,世界上许多国家开始征收增值税。在生产和分配的各个环节中普遍征收的增值税为各国政府提供了重要的税收来源,逐步成为多数发达国家的第三大税种。在第四阶段(20世纪80年代至今)现代复合税成形,以所得税、社会保障税及货物和劳务税为主体,财产税为补充。表2.5显示了OECD国家各主体税种占GDP的比重。1965年,初步形成了以货物和劳务税、所得税、社会保障税三大税类为主,财产税为辅的税制结构;随后30年中,消费税比重有所下降,增值税、社会保障税比重有所上升,税制结构保持稳定。

表 2.5　　　　　OECD国家主体税种收入占GDP比重　　　　单位:%

税　种	1965年	1990年	2000年	2007年	2010年	2012年	2013年	2014年	2015年
总税收收入	24.8	31.9	33.9	33.7	32.5	33.3	33.6	33.9	34.0
所得税、资本利得税	8.7	12.2	12.0	12.2	10.8	11.2	11.3	11.5	11.5
其中:									
个人所得税	6.8	9.7	8.7	8.2	7.7	8.1	8.2	8.4	8.4
企业所得税	2.1	2.5	3.2	3.6	2.7	2.8	2.8	2.8	2.8
社会保障税	4.5	7.4	8.6	8.4	8.8	8.9	9.0	9.0	9.0
工资和劳动力税	0.3	0.3	0.4	0.4	0.3	0.4	0.4	0.4	0.4
财产税	1.9	1.8	1.8	1.8	1.7	1.8	1.9	1.9	1.9
货物和劳务税	9.4	10.0	10.9	10.6	10.6	10.7	10.8	10.8	10.9

续 表

税 种	1965年	1990年	2000年	2007年	2010年	2012年	2013年	2014年	2015年
其中：									
增值税	0.7	5.2	6.4	6.5	6.4	6.6	6.6	6.7	6.7
消费税	3.5	2.6	2.9	2.6	2.7	2.7	2.6	2.6	2.6
其他税种	0.1	0.3	0.2	0.2	0.2	0.2	0.2	0.2	0.2

数据来源：Revenue Statistics: Comparative Tables. OECD Tax Statistics (Database).

OECD国家经济比较发达，以所得税、社会保障税、财产税为代表的直接税比重较高，但各国经济发展不同，各国税制差异仍比较明显。最明显的一个差异就是，在OECD成员国中，作为世界最大经济体的美国，是唯一不征收增值税的国家。因此，学者在讨论美国企业与税相关的经济决策时，主要是从所得税角度出发，而不需要讨论增值税，但是对于其他国家而言，就不得不将增值税考虑进来。换句话说，在增值税的问题上，美国是个特例，对世界其他各国而言，深入探讨增值税对企业行为的影响是有实际意义的。

三、增值税在全球的发展趋势

（一）开征增值税的国家（地区）不断增加

增值税是对货物和劳务在生产、分配的每个环节产生的增值额征收的一种税，最早在法国实施征收，截至2019年12月，全世界约有170个国家（地区）是征收增值税的，占全世界所有国家（地区）的约73%。开征或计划开征增值税的国家还在增加。

（二）发达国家增值税收入趋于稳定

OECD每年9月发布"税收政策改革：OECD及部分伙伴经济体"的年度报告，主要追踪OECD成员国及部分伙伴经济体相关税收政策的发展动态，提供税制改革的可比信息，并对税制改革趋势进行梳理和总结（燕晓春和梁若莲，2020）。根据OECD于2020年发布的报告，增值税是OECD国家的第三大税收收入来源，2018年，其占税收总收入的平均比重略高于20%，仅次于社会保障税和个人所得税收入。报告指出，国际金融危机后，很多国家将增值税作为保障财政收入的主要税种；作为间接税，增值税对经济的影响比直接税对经济的影响要小，因此国际金融危机后，增值税标准税率呈现上升趋势，2015年OECD成员国增值税标准税率平均为19.3%，达到最高值，2015年以后，一方面由于增值税标准税率再提高的空间已经很小，另一方面由于各国财政需求的弱化，因此增值税标准税率趋于稳定。

（三）增值税制度趋于简化

从全球增值税制度的发展过程来看，增值税制度是朝着更简单、更规范的方向演变。有些国家通过取消高税率、减少低税率档次，从而简并税率档次；有些国家通过缩小低税率和免税的使用范围，从而扩大增值税税基。总体上，各国是以建立简单和规范的增值税制度为目标，进一步提升增值税的税收中性。

（四）加大打击增值税逃税偷税的力度

OECD发布的税收政策改革（2020）报告指出，不少国家正在加大打击增值税逃税偷税行为的力度，以实现增加税收收入，优化增值税税制。具体措施有逆向征收机制、分割支付机制、强化纳税人申报义务等。

逆向征收机制（Reverse Charge Mechanism）是指当地的企业买家从其他国家（地区）的供应商处购买商品或服务时，逆向征税将记录增值税交易的责任从卖方转移到该商品或服务的买方。这种机制主要应用于跨境线上企业对企业交易。2022年欧盟委员会提议进一步扩大增值税逆向征收机制，以进一步打击欧盟内部的增值税欺诈行为；还提出针对高风险商品的逆向征收机制应用以及快速反应机制。高风险商品包括手机、计算机芯片、微处理器、高保真设备、新旧车辆和贵金属。高风险服务包括碳信用、天然气和电力、云计算，以及绿色能源证书等。

分割支付机制（Spit Payment Machanism）是指计算交易的增值税税

额时，将价款与税款分别处理，供应商按照正常规则向客户收取其国内供应的增值税，但客户（或部分客户）支付的增值税直接汇入税务机关账户，而非供应商账户。通常，分割支付需要银行、信用卡公司、在线支付服务提供商等金融和（或）支付中介机构的合作。部分国家针对特定情况选择采用分割支付机制。例如，意大利对向公共机构提供货物和服务的情况采用了分割支付机制；韩国对黄金、铜和铁的供应采用了分割支付机制；土耳其要求特定行业，包括建筑、废金属、玻璃、塑料和纸张、咨询、监督和审计服务、机械、设备和其他固定资产的维护和维修服务等，实施分割支付机制。

此外，各国通过强化纳税人申报义务，增强增值税信息交换和数据分析，来防止增值税逃税避税行为。例如推行使用"标准税务审计文件"（Standard Audit Files for Tax，SAF-T），使税务相关数据以标准化的电子格式从纳税人转移到税务机关；又如欧盟于2003年建立的增值税信息交换系统（VIES）、于2010年建立的欧盟反增值税欺诈信息共享平台（Eurofisc）、于2019年推出的交易网络分析系统（TNA），以及支付信息中央电子系统（CESOP）。通过税收征管的信息化建设，加强对税收相关数据的挖掘和分析，实现信息管税，促进纳税遵从。

（五）完善增值税制度以应对数字经济的挑战

新兴的数字经济给增值税带来了挑战，引起越来越多国家的高度关注。跨境线上销售，由于外国供应商在市场所在的税收辖区不存在实体，而是通过网络销售商品、服务和无形资产，因此在现行的税收规则下难以对其征收增值税。越来越多的国家采用OECD《国际增值税/货物和劳务税指南》的建议机制，包括按照消费地原则征收增值税、将数字产品和数字服务纳入征税范围、确定数字交易增值税纳税人的规则、对境外数字产品或服务供应商按登记注册制或逆向征收机制征管、判定消费者身份和位置等；同时，越来越多的国家取消或正在考虑取消对进口低值商品给予增值税减免的优惠政策。

第二节 中国的税收制度背景

一、中国税制结构概览

中国税制在不断演化过程中逐步形成了目前的以流转税为主体的税制结构。中国税制的演进过程是中国税制结构不断规范、不断与现代税制原则相一致和相协调的过程。我国现行税制是在1994年分税制改革的框架下不断调整、完善而建立的。

我国税收按照各税种的性质大致可分为五个类别：第一类是流转税类，包括增值税、消费税、营业税（自2016年5月1日起，中国全面推开"营改增"试点，至此，营业税退出历史舞台）、关税和烟叶税。这类税收是在生产、流通和服务领域中征收的。第二类是所得税类，包括企业所得税和个人所得税。这类税收是在收入分配环节按照企业或个人取得的所得额征收的。第三类是财产税类，包括房产税和契税。第四类是资源税类。第五类是行为税类，包括车船税、车辆购置税、印花税、城市维护建设税、船舶吨税。除了税收之外，国家还规定了统一由税务机关征收的具有税收性质的非税财政收入，主要有教育费附加、文化事业建设费等。

从主体税种的角度来看，具有较强筹集财政收入能力的税种是增值税、营业税和企业所得税。表2.6是2000年至2021年我国财政税收收入的基本情况，图2.1是2000年至2021年我国流转税（包括国内增值税、消费税、营业税）和所得税（包括企业所得税、个人所得税）占税收收入总额的比重及趋势。

从图2.2可以看到，2021年我国流转税和所得税分别占税收收入总额的约45%及32%。虽然企业所得税的比重有逐渐上升的趋势，但是流转税仍然是我国财政税收中占主体地位的税种。图2.3展示了2016年增值税、消费税和营业税的占比。在全面实行"营改增"之前，增值税约占流转税的65%，2016年5月1日起全面实行"营改增"后，增值税约占流转税的84%。所以，我国采用以流转税为主体的税制结构，而在流转税中，又以增值税为

表 2.6　2000 年至 2021 年我国财政税收收入情况

单位：亿元

年份	税收收入总额	国内增值税	国内消费税	营业税	流转税总额	流转税占税收总额比重	企业所得税	个人所得税	所得税总额	所得税占税收总额比重
2000	12 581.51	4 553.17	858.29	1 868.78	7 280.24	58%	1 662.02	659.64	2 321.66	18%
2001	15 301.38	5 357.13	929.99	2 064.09	8 351.21	55%	2 630.87	995.26	3 626.13	24%
2002	17 636.45	6 178.39	1 046.35	2 450.33	9 675.07	55%	3 082.79	1 211.78	4 294.57	24%
2003	20 017.31	7 236.54	1 182.26	2 844.45	11 263.25	56%	2 919.51	1 418.04	4 337.55	22%
2004	24 165.68	9 017.94	1 501.90	3 581.97	14 101.81	58%	3 957.33	1 737.06	5 694.39	24%
2005	28 778.54	10 792.11	1 633.81	4 232.46	16 658.38	58%	5 343.92	2 094.91	7 438.83	26%
2006	34 804.35	12 784.81	1 885.69	5 128.71	19 799.21	57%	7 039.60	2 453.71	9 493.31	27%
2007	45 621.97	15 470.23	2 206.83	6 582.17	24 259.23	53%	8 779.25	3 185.58	11 964.83	26%
2008	54 223.79	17 996.94	2 568.27	7 626.39	28 191.60	52%	11 175.63	3 722.31	14 897.94	27%
2009	59 521.59	18 481.22	4 761.22	9 013.98	32 256.42	54%	11 536.84	3 949.35	15 486.19	26%
2010	73 210.79	21 093.48	6 071.55	11 157.91	38 322.94	52%	12 843.54	4 837.27	17 680.81	24%
2011	89 738.39	24 266.63	6 936.21	13 679.00	44 881.84	50%	16 769.64	6 054.11	22 823.75	25%
2012	100 614.28	26 415.51	7 875.58	15 747.64	50 038.73	50%	19 654.53	5 820.28	25 474.81	25%

续 表

年 份	税收入总额	国内增值税	国内消费税	营业税	流转税总额	流转税占税收总额比重	企业所得税	个人所得税	所得税总额	所得税占税额总额比重
2013	110 530.70	28 810.13	8 231.32	17 233.02	54 274.47	49%	22 427.20	6 531.53	28 958.73	26%
2014	119 175.31	30 855.36	8 907.12	17 781.73	57 544.21	48%	24 642.19	7 376.61	32 018.80	27%
2015	124 922.20	31 109.47	10 542.16	19 312.84	60 964.47	49%	27 133.87	8 617.27	35 751.14	29%
2016	130 360.73	40 712.08	10 217.23	11 501.88	62 431.19	48%	28 851.36	10 088.98	38 940.34	30%
2017	144 369.87	56 378.18	10 225.09		66 603.27	46%	32 117.29	11 966.37	44 083.66	31%
2018	156 402.86	61 530.77	10 631.75		72 162.52	46%	35 323.71	13 871.97	49 195.68	31%
2019	158 000.46	62 347.36	12 564.44		74 911.80	47%	37 303.77	10 388.53	47 692.30	30%
2020	154 312.29	56 791.24	12 028.10		68 819.34	45%	36 425.81	11 568.26	47 994.07	31%
2021	172 735.67	63 519.59	13 880.70		77 400.29	45%	42 042.38	13 992.68	56 035.06	32%

注：表中流转税总额不包含关税等。
数据来源：Wind 数据库。

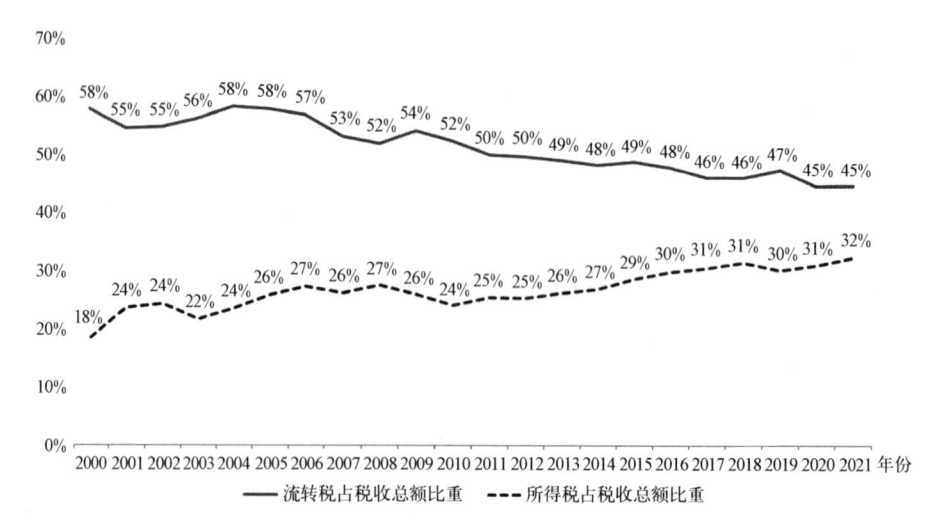

数据来源：Wind 数据库。

图 2.1　流转税和所得税占税收收入总额的比重及趋势

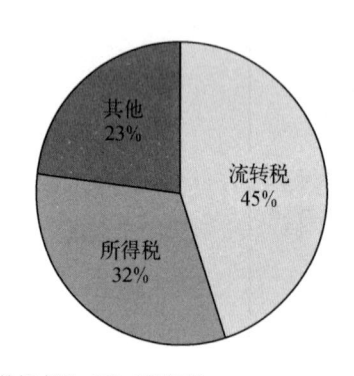

数据来源：Wind 数据库。

图 2.2　我国 2021 年流转税和所得税占税收收入总额的比重

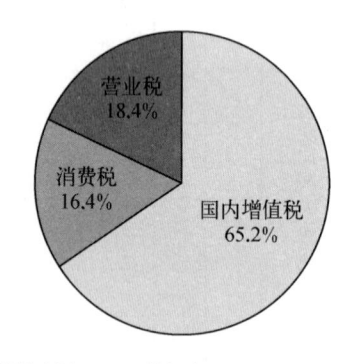

数据来源：Wind 数据库。

图 2.3　我国 2016 年增值税、消费税和营业税占流转税的比重

最主要的税种。可见，研究企业的增值税纳税行为具有非常重要的现实意义。

图 2.4 是我国 2002 年 3 月至 2022 年 3 月 GDP 增速与财政税收收入增速的比较。图 2.5 将税收收入增速分为增值税的增速和企业所得税的增速，从中可以看到，在某些时间段会出现税收增速快于 GDP 增速的现象。

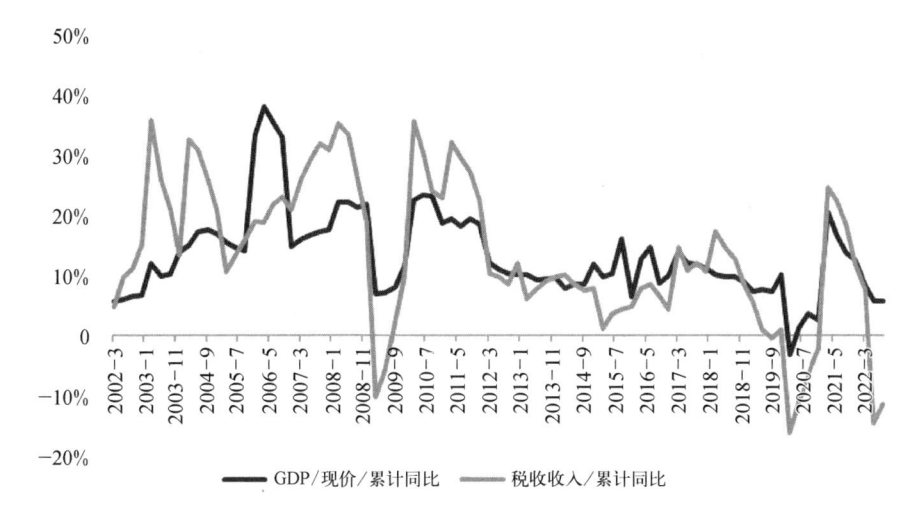

数据来源：Wind 数据库。

图 2.4　我国 2002 年 3 月至 2022 年 3 月税收增速与 GDP 增速比较

数据来源：Wind 数据库。

图 2.5　我国 2002 年 3 月至 2022 年 3 月增值税增速、
企业所得税增速与 GDP 增速比较

二、中国税制结构的演变

2017 年，增值税为我国财政带来超过 56 378 亿元的收入，可能是当时全世界产生收入最多的增值税。然而，在外国专家眼中，中国增值税并不是增值税设计的典范，也逊色于发达经济体的增值税制度。许多发展中国家、中等收入国家和转型的经济体严重依赖增值税来获得财政收入。相比于标准公共财政理论提出的政策和发达国家采用的做法,这些国家采用的增值税制度并"不完美"。然而,从比较的视角来看,外国专家也认同,这些制度,尤其是中国、印度和巴西这类大国采用的制度,显然扮演着重要角色,它们塑造了大批纳税人、税务专家和税务管理人员心中增值税的概念。经仔细研究后,甚至有学者认为,不纯粹的增值税制度中一些看似"稍逊一筹"的特点,在实践中没有产生明显的差异,并认为研究中国增值税的特点有助于开展比较研究以探寻增值税的多样性。

中国税制还不是"完美的",在过去数十年间,我国政府不断尝试完善税制。OECD发布的税收政策改革(2020)报告首次专门收录了中国增值税和个人所得税改革的最新经验做法,充分体现了中国在国际税收领域的作用和影响力不断上升,以及外界对我国不断深化税制改革取得的成果的认可。

中国增值税改革极大地完善了制度设计。中国税制结构的发展演变大致可以分为三个阶段:第一个阶段为改革开放前的中国税制结构发展阶段;第二个阶段为改革开放后至1994年分税制改革前的中国税制结构发展阶段;第三个阶段为分税制改革后中国税制结构的调整演变阶段。自新中国成立以来,我国税收制度经历了数次改革以适应不同时期我国社会、政治、经济发展的需要,但总体而言,税制结构中以流转税为主的这一特点始终保持不变。

(一)改革开放前的中国税制结构

新中国成立初期到改革开放前的这一阶段,虽然税制结构不断变化,但从整体上看,这一时期的税制结构特点是实行以流转税为主体的"多税种、多次征"的税制模式。这一时期,国有企业占绝对比重,大部分税收以国有企业利润上缴的形式征收。在当时计划经济的背景下,这种税制结构基本上满足了国家财政创收的需要,但放弃了税收调控经济的作用。

1950年,政务院发布《全国税政实施要则》,在整理旧税制的基础上,建立了一套以多种税、多次征为特征的复合税制(田延,2009)。按照《全国税政实施要则》的规定,除农业税外,全国征收14种中央税和地方税,即货物税、工商业税、盐水、关税、薪金报酬所得税、存款利息所得税、印花税、遗产税、交易税、屠宰税、地产税、房产税、特种消费行为税和车船使用牌照税。1950年7月,国家调整了税制结构,主要举措包括简并税种,调低税率,改进工商税收的征收办法和纳税手续,初步形成了在生产、销售、所得、财产等环节进行多税种、多次征,以货物税、营业税和所得税作为主体税种的复合税制。

1958年的税制改革改变了原来实行的多税种、多次征的税收制度,简并税种后,由原来的14种税调整为9种税,奠定了中国税收制度以流转税为主体的格局。这次税制改革的主要内容是试行工商统一税:原来的营业税、商品流通税、印花税和货物税合并为工商统一税;另外,所得税从原先的工商业税中分立出来,成立工商所得税。

1973年进行了大的简并税制改革:一是试行工商税,把企业先前的工商统一税及附加、城市房地产税、车船使用牌照税、屠宰税以及盐税简并为工商税;二是简化了税目税率,工商税的税目由108个减少至44个,税率从141个减少至82个;三是改变了一些征税办法,如取消中间产品税,原则上按企业销售收入计算征税等。此外,将部分税收管理权下放给地方政府。在此期间,经过多次简并税种、税目、税率,我国基本上形成了单一税制。

(二)分税制改革前的中国税制结构

改革开放后至1994年分税制改革前,随着经济体制改革的不断推进,国有经济"独领风骚"的局面慢慢发生变化,各种所有制经济成分开始不断发展,为了适应这种经济环境的发展变化,我国政府于1983年和1984年分两步进行了"利改税"的改革,改革后,我国所得税占工商税收收入的比重迅速上升。我国基本形成了以流转税为主体、所得税次之、其他税种为辅的税制体系。

在这个过程中,财政收入的主要来源从企业上缴的利润渐渐转变为税收收入,财政分配的基础发生了变化。"划分收支、分灶吃饭"的形式相应改为"划分税种、核定收支、分级包干",即按照税种和企业隶属关系,确定中央与地方的固定收入以及中央与地方的共享收入(楚尔鸣,2011)。这一税种结构的主要内容体现在以下两个方面：一是推行了企业所得税；二是调整和完善了流转税制，将原来的工商税按照征税对象分别设置了单独的税种，主要包括增值税、产品税和营业税。此外，针对国有企业和国有经济开征了一些新的税种。

为了适应其他经济成分快速发展的实际情况，我国税收制度也进行了相应的调整（余雁刚，2002）。例如，为适应外资经济的发展，调节和引导外资流向国家需要发展的领域，推出了一些涉外的税收制度。1980 年 9 月，我国开征中外合资经营企业所得税，当时适用的税率是 30%，并按照应纳税所得额附加征收 10% 的地方所得税。在流转税方面，则是暂时沿用 1958 年的工商统一税条例。

（三）分税制改革后的中国税制结构

1994 年税制改革基本建立了与市场经济相适应的税制结构。我国现行税制也是在 1994 年税制改革的基础上经过不断完善形成的。分税制改革后不断的税制调整开始侧重对税制结构的调整和优化。税制结构的收入筹集功能和调节功能开始成为税制结构调整和优化的焦点。

1. 1994 年的税制改革

1994 年税制改革在普遍开征增值税的基础上，建立了以增值税为主体，营业税和消费税相辅的流转税体系，并且统一了内资企业所得税和个人所得税的法律、法规，归并、取消了与市场经济不相适应的税种等。之后，我国的税种由原来的 32 个减少至 22 个，税制结构趋于合理、简化。

增值税无疑是这次工商税制改革的一个重点——进行了根本性的改革。具体措施：(1) 扩大征收范围，改变原先只限于在工业环节对部分工业品销售征税的规定，凡是在中国境内销售货物或者提供加工、修理修配劳务以及进口货物的业务经营，都列入增值税的征税范围；(2) 实行"生产型增值税"，不允许抵扣外购固定资产中所含的增值税进项税款；(3) 简并税率，改变过去税目分列繁杂的情况，简并为一个 17% 的基本税率和一档 13% 的低税率（只适用于少数产品，如初级农产品等），对出口产品则设置零税率；(4) 对小规模纳税人采用简易计征办法，征收率为 6%，以销售额为计税依据,不得抵扣以前环节的已纳增值税税额;(5) 由先前的"价内税"变成"价外税";(6) 实行凭增值税专用发票(或海关完税凭证)抵扣税款的计税办法。

企业所得税税制改革的核心则是建立一个刚性、统一的企业所得税税制,以规范国家与企业的分配关系,主要措施是统一税种、税率、计税标准、征收方式和优惠减免政策。

2. 2008年以来的"新一轮税制改革"

2008年以来的税制改革主要是对原有税制结构框架进行的修补和调整。

第一,完善了企业所得税制度,统一了内资企业和外资企业适用的所得税制度,实行法人税制;统一内资企业和外资企业的所得税税率,从33%降至25%;明确税前扣除的办法及标准;规范税收优惠政策,建立"产业优惠为主,区域优惠为辅"的优惠体系等(罗琼,2008)。

第二,完善了增值税制度,推进了"生产型增值税"(不允许抵扣新购进固定资产所含的增值税进项税额)向"消费型增值税"(允许抵扣新购进固定资产所含的增值税进项税额)的转型。2004年9月14日,财政部、国家税务总局发文正式启动增值税转型改革,在辽宁、吉林、黑龙江三省进行试点。2008年11月5日,国务院第34次常务会议修订通过《中华人民共和国增值税暂行条例》,在全国所有地区、所有行业全面实施增值税转型改革。

第三,推行"营改增"试点。财政部和国家税务总局于2011年11月16日发布了《营业税改征增值税试点方案》,自2012年1月1日起,在上海市的交通运输业和部分现代服务业进行营业税改征增值税("营改增")试点,增值税"扩围"开始逐步推进。表2.7整理了我国一般纳税人增值税税率的主要变化。自2016年5月1日起,在全国范围内全面推开营业税改征增值税,增加了6%和11%两档税率。自2017年7月1日起,简并增值税税率,取消13%的增值税税率。[①] 自2018年5月1日起,制造业等行业增值税税率从17%降至16%,交通运输、建筑、基础电信服务等行业及农产品

---

① 《财政部 国家税务总局关于简并增值税税率有关政策的通知》(财税〔2017〕37号)。

等货物的增值税税率从11%降至10%。① 2019年推进增值税实质性减税,增值税一般纳税人发生增值税应税销售行为或者进口货物,原适用16%税率的,税率调整为13%;原适用10%税率的,税率调整为9%;农产品加计扣除率从2%降低为1%。

表2.7　　　　　　　　　我国增值税税率变动

项　目	2016年5月以前	2016年5月至2017年6月	2017年7月至2018年4月	2018年5月至2019年3月	2019年4月以后
销售货物或者提供加工、修理修配劳务以及进口货物	17%	17%	17%	16%	13%
销售农产品、图书类产品	13%	13%	11%	10%	9%
销售交通运输服务等、土地使用权、不动产		11%	11%	10%	9%
销售一般服务、转让无形资产		6%	6%	6%	6%
农产品抵扣率	13%	13%	11%	10%	9%
农产品加计扣除率			2%	2%	1%

三、会计准则与税收制度

(一) 企业所得税的税会模式

会计立足于微观层次而又影响宏观领域,税收立足于宏观层次而又作用于微观领域(戴德明等,2005)。税收的征纳工作需要利用会计核算所提供的资料,而税务处理的结果又会反馈至会计系统,并影响利润等会计数据。但会计与税收不同的职能和目标决定了两者在制度设计过程中要分别遵循不同的处理原则和业务规范。

---

① 2018年3月28日,时任国务院总理李克强主持召开国务院常务会议的内容。

不同国家和地区的立法基础和法律结果、社会形态和经济情况等随着时间的推移不断演变,现代税会关系在这些因素的共同影响下逐渐形成。根据诺布斯(Nobes)分类法,税收制度和会计制度的关系有两大模式:一是以法国、德国等国家为代表的税会统一模式;二是以英国、美国等国家为代表的税会分离模式。前者重视政府对社会经济生活的调控,财务报表的重要目标是满足整个社会宏观经济的发展,因此强调财务报告必须符合税法的要求。税会统一的模式既有利于财政税收的实现,又有利于政府对企业的管理。后者主要是为企业投资者服务。投资者的诉求是按照公认会计准则编制财务报告、披露会计信息,这就要求会计要素的确认、计量、记录等遵循财务会计准则,纳税时再按照税法进行纳税调整(李心源和戴德明,2004)。除此之外,还存在一种中间模式,即税会混合模式,具体表现为依据税收法则对财务会计进行协调,这种模式以日本为代表。表2.8对税会统一模式、税会分离模式、税会混合模式下的目标、税会关系、程序进行了总结。

表 2.8　　　　　　　　　　　不同税会模式的差异

项　目	税会统一模式	税会分离模式	税会混合模式
目　标	服务宏观需要	体现真实公允原则	满足多元化需要
税会关系	税法影响会计	两者基本独立	折中
程　序	平时按照财务会计处理,期末无须纳税调整	平时按照财务会计处理,期末必须纳税调整	平时按照财务会计处理,期末较少纳税调整

从历史上看,我国的税会关系经历了高度统一的阶段。但后来随着经济体制的不断改革,税务和会计的目标出现背离,税收制度与会计制度逐步分离。我国现代税会关系改革开始于20世纪80年代外资企业所得税法的出台,从此,我国税会关系开始逐步走向分离模式。改革开放前,我国国民经济主体是集体企业和国有企业,财政上税利不分,会计制度与税法口径一致,不存在会计与税法的差异。1993年财政部颁布实施的《企业会计准则》选择性地采用了国际会计惯例,1994年国务院颁布实施《中华人民共和国企业所得税暂行条例》,我国企业会计制度与税法分离的倾向开始显现。

2000年颁布的《企业会计制度》引入公允价值观念,会计实务中需要计提资产减值准备;同年颁布的《企业所得税税前扣除办法》规定,资产减值准备不允许在税前扣除,这使得我国企业会计制度与税法的分离趋势更加明显。2007年上市公司率先施行的《企业会计准则2006》、2008年实施的《中华人民共和国企业所得税法》进一步确立了我国的分离式税会模式。

(二)增值税的会计核算规则与信息披露

1. 增值税的会计核算规则

增值税制度中的基本会计核算主要有三种规则,即权责发生制、混合制和收付实现制。在发票抵扣型增值税制度中,大多数注册纳税人必须采用权责发生制或混合制申报销售和申请抵扣。采用权责发生制时,纳税人通常在销售商品或提供服务时申报应税销售;根据一些旨在提高报税效率的规定,纳税人还可在企业购得符合抵扣条件的商品和服务时申请进项抵扣。混合制包括发票制,即在发票开具时申报销售;或者组合制,在支付款项、开具发票、提供给付中最早发生的日期申报销售。一些国家限制和禁止纳税人采用收付实现制,为了防止出现不匹配情况,即销售者可延迟向政府缴纳销项税而采购者可获得即时抵扣。根据《国家税务总局关于增值税纳税义务发生时间有关问题的公告》(国家税务总局公告2011年第40号),纳税人生产经营活动中采取直接收款方式销售货物,已将货物移送对方并暂估销售收入入账,但既未取得销售款或取得索取销售款的凭据,也未开具销售发票的,其增值税纳税义务发生时间为取得销售款或取得索取销售款的凭据的当天,先开具发票的为开具发票的当天。可见,我国增值税的会计核算采用的是目前最普遍的混合制,并非纯粹的权责发生制。

2. 财务报表中增值税的信息披露

关于增值税信息披露的研究较少。现行财务报表中的增值税相关信息主要通过资产负债表中的"应交税费"进行披露,应交增值税明细表和增值税纳税申报表中也有详细的增值税信息。然而对于一般投资者而言,这两者都是不可得信息,投资者从财务报表中得到的相关提示信息也是相对有限的,并且目前增值税会计信息披露的可理解性也存在重要问题(贾纬璇,

2009)。首先,在现行会计处理下,待抵扣进项税额是作为应缴税费的抵减项目,直接冲减了负债,但其实质是对企业资金的占用,导致财务报表信息失真。其次,增值税不作为费用进入利润表,导致报表使用者无法确知增值税对当期损益的影响,甚至误以为增值税作为"价外税"与企业的损益、价值无关。此外,即便是应交增值税明细表和增值税纳税申报表这类监管机构可以获知的信息,也未必使报表使用者充分了解企业所有的涉税交易活动,例如不得抵扣进项税额的情况和价外费用、视同销售的销项税额的情况,给税务机关了解和监管企业商业活动带来困难。现行的增值税信息披露规则对报表使用者是否有用,是否有信息增量,还有待实证检验。

四、增值税的征管模式

(一)增值税的征收模式

现代增值税的特别之处在于其征收模式。世界范围内最流行的增值税计算方法是发票抵扣型增值税(发票型增值税),采用以税抵税的方式计算。除此以外,日本采用的是不以发票为基础的税额抵扣型增值税;还有经提议但未实施的税基相减型增值税,尚未在任何国家实际运行的加法型增值税等。我国运用的是被广泛使用的发票型增值税。纳税企业通过计算应税销售产生的销项税与进口、国内采购支付的进项税之差,来计算每一纳税期间的净纳税义务。

1984年我国进行工商税制改革,国务院发布了《中华人民共和国增值税条例(草案)》,经过此次改革,增值税的征收范围扩展至12个税目,分为甲、乙两类产品,分别采取"扣额法"与"扣税法"计算应纳税额。经过若干年的尝试和比较,我国从1987年1月起放弃了增值税"扣额法"计税,统一采用更适合多档税率的"扣税法"计税。

扣税法又称"间接计算法",是指按应税产品、劳务的课税金额和适用税率计算出总体税额,减去应税产品、劳务耗用的外购法定扣除项目已缴纳的税额后,计算出其应纳税额的一种方法。其特点是在计税过程中不直接反映产品、劳务的增值额,而是通过税款抵扣的方法来间接地计算增值税应纳税额。采用扣税法,对扣除税额的确定一般有两种方法:一是据实确定,即根据法定扣除项目的购货发票上所载明的实际已缴税额逐项汇总确定;二是计算确定,即按法定扣除项目金额和规定的扣除税率分项计算后汇总确定。我国的扣税法采用的是第一种方法,即以发票为基础的据实确定。

(二)虚开增值税发票的法律规定

增值税一般纳税人采用"发票扣税法"计算应纳税额,为不法分子虚开增值税发票,为企业获得进项税抵扣提供了动机。为了遏制虚开增值税发票的行为,我国对虚开增值税发票的行为进行了严厉的打击,例如《中华人民共和国刑法》明确规定虚开增值税发票属于刑事犯罪:个人虚开增值税专用发票或者虚开用于骗取出口退税、抵扣税款的其他发票的,处三年以下有期徒刑或者拘役,并处二万元以上二十万元以下罚金;虚开的税款数额较大或者有其他严重情节的,处三年以上十年以下有期徒刑,并处五万元以上五十万元以下罚金;虚开的税款数额巨大或者有其他特别严重情节的,处十年以上有期徒刑或者无期徒刑,并处五万元以上五十万元以下罚金或者没收财产。单位犯本条规定之罪的,对单位判处罚金,并对其直接负责的主管人员和其他直接责任人员,处三年以下有期徒刑或者拘役;虚开的税款数额较大或者有其他严重情节的,处三年以上十年以下有期徒刑;虚开的税款数额巨大或者有其他特别严重情节的,处十年以上有期徒刑或者无期徒刑。非法购买增值税专用发票或者购买伪造的增值税专用发票的,处五年以下有期徒刑或者拘役,并处或者单处二万元以上二十万元以下罚金。

(三)增值税的监管技术

中国采用了独一无二的信息技术系统——金税工程管理增值税。金税工程通常被认为包含四个子系统:开票系统、认证系统、交叉稽核和发票协查。一般而言,提供增值税专用发票是申请进项抵扣的必要条件。为了向客户开具增值税专用发票,一般纳税人必须从国家税务局获取专用计算机软件和配套设备,尤其是税控 IC 卡。当纳税人开具发票时,数据必须录入金税设备中,随后打印出来的发票将标明买卖双方的身份及纳税人识别号、所提供商品或服务的名称及行业分类、应税金额、应付税额、开票时间、发票号码和其他信息。此外,一份加密代码(84 位或 108 位)将生成并打印在发票上,可反映发票的一部分内容。该密码随后将在采购方持发票申请进项抵扣时,被用于鉴别发票的真伪。就销售方的义务而言,金税工程系统的核心功能是将增值税专用发票上的信息录入销售方电脑上安装的 IC 卡中。纳税人自行更换 IC 卡,每月都必须携卡至国税局,将卡中的内容上传到税务机关的系统中(这些上传的信息将被金税工程系统用于交叉稽核)。因此,只要纳税人提交申报表,IC 卡就能确保所有已开具发票的销售都被记录在申报表上。税务机关有时更关注 IC 卡上的内容,而不是增值税申报表上的交易信息,并且,增值税申报表被认定准确(至少初步认定准确)的唯一标准,不是它能真实地反映商业运行状况,而是与 IC 卡中的信息相吻合。国内普遍认为金税工程能够加强对增值税的监管,有效防止经济个体利用伪造、倒卖、盗窃、虚开增值税专用发票等手段偷、逃国家税款。但是国外的增值税设计专家认为金税工程有不可取之处。例如,由于金税工程在确定一般纳税人的应税销售时处于绝对主导地位,且通常进项税只有在对增值税专用发票进行认证后才能申请抵扣,因此中国税务机关对纳税人的报税事务进行了全方位的干涉。依照国际货币基金组织专家的观点,增值税的申报(每月申报)相比于其他税种更为频繁,而频繁的申报将使纳税人和税务机关的交流过于密切,无形中降低了管理的效率、增加了贿赂的风险。国内也有研究发现,与税务局距离越近,越有利于企业通过寻租进行避税(张敏等,2018)。因此,本书试图从多个角度研究企业的增值税管理现状,是具有研究价值的。

五、税收监管技术的发展:金税工程

(一)金税工程一期

1994 年,税务总局推行金税工程一期,主要目的是对增值税专用发票进行有效管理,包括增值税交叉稽核和增值税防伪税控两个子系统,在全国 50 个试点单位上线,人工采集纳税人的发票信息,再由计算机对比发现问题。但由于人工采集数据错误率太高,金税工程一期最终停用。

(二) 金税工程二期

2000年8月31日,税务总局向国务院汇报金税工程二期的建设方案并得到批准。2001年7月1日,增值税防伪税控发票开票、认证、交叉稽核、协查四个子系统在全国全面开通,对加强增值税专用发票管理,打击偷、骗税的犯罪行为,增加税收收入等方面起到积极有效的作用。

金税工程二期的主要实施步骤：首先,在全国范围内建立覆盖总局、省局、地(市)局、县(区)局的四级交叉稽核,把稽核和防伪税控原本相互独立的系统捆绑在一起运行,做到数据共享、功能互补,解决交叉稽核中人工录入数据造成的错误；同时,把海关增值税完税凭证纳入金税工程管理。其次,将增值税征管各环节都放在网络上运行,尤其要采集纳税人的增值税申报信息和税款缴纳信息,以此对纳税人进行纳税评估和监控。

金税工程二期取得的主要成果是在全国范围内联网运行增值税交叉稽核系统和发票协查系统,在全国范围内推广运行防伪税控认证子系统,大规模推广防伪税控开票子系统。

(三) 金税工程三期

根据一体化原则,金税工程三期的建立基于统一规范的应用系统平台,依托计算机网络,总局和省局高度集中处理信息,覆盖所有税种、所有工作环节、国税局和地税局,并与有关部门联网,是包括征管业务、行政管理、外部信息、决策支持四大子系统的功能齐全、协调高效、信息共享、监控严密、安全稳定、保障有力的税收管理信息系统。金税工程三期的目标是建立"一个平台、两级处理、三个覆盖、四个系统"。"一个平台"是指包含网络硬件和基础软件的统一的技术基础平台；"两级处理"是指依托统一的技术基础平台,逐步实现数据信息在总局和省局集中处理；"三个覆盖"是指应用内容逐步覆盖所有税种、所有工作环节、国税局和地税局,并与相关部门联网；"四个系统"是指通过业务重组、优化和规范,逐步形成以征管业务系统为主,包括行政管理系统、外部信息系统和决策支持系统的四大应用系统软件。

(四) 金税工程四期

2021年3月,中共中央办公厅、国务院办公厅印发了《关于进一步深化税收征管改革的意见》,将"智慧税务"作为新发展阶段进一步深化税收征管改革的主要着力点。金税工程四期重点围绕智慧税务建设,以发票电子化改革为突破口,以税收大数据为驱动,推动构建全量税费数据多维度、实时化的归集、连接和聚合。首先,通过税收数据智能归集和智效管理,实现税务执法过程可控、结果可评、违纪可查、责任可追,推动税务机关从"以票治税"到"以数治税",实现精确执法和精准监管。其次,通过税务数据智能归集和智能监控,实现纳税人、缴费人税收风险自我监测、自我识别、自我应对、自我防范,推动税费服务从被动遵从到自动遵从,实现依法纳税和精细服务。最后,通过税务数据智能归集和智能展现,实现金融、海关、市场监管、公安、支付平台等其他涉税方数据共建、数据共享、数据协同、数据治理,推动相关政府部门基于税收法定义务提供涉税方信息,实现数字政府和税收共治。

第三章 文献回顾

税收是公司财务决策中需要考虑的重要因素之一,有大量的文献对公司的税收行为进行研究,本章分别从税收与盈余管理、税收与投资决策、税收与公司价值三个方面对以往文献研究成果进行梳理总结。

第一节 税收与盈余管理相关文献

一、盈余管理动机的研究

关于盈余管理动机的研究主要有三个角度:契约动机、资本市场动机和政治成本动机。

契约动机的盈余管理研究可以归纳为报酬契约和债务契约。在代理理论中,经理人的薪酬与公司业绩挂钩,经理人会通过操纵盈余来最大化其任期内的预期报酬,以获取晋升机会(Deangelo,1988;Dechow 和 Sloan,1991;Healy 和 Wahlen,1999;Holthausen 等,2004;李延喜等,2007;张兆国等,2014)。债务契约理论认为,债权人为了保护自身利益,往往会提出限制性条款,对借款公司的会计指标提出具体要求。由于债务契约的违约会给借款公司带来较高的违约成本,因此,为了减轻、逃避债务契约的约束,经理人会进行盈余管理(Defond 和 Jiambalvo，1994；Sweeney，1994；曹崇延和王阿静，2013)。除了薪酬契约和债务契约外，还有一些文献研究的是关系契约动机下的盈余管理行为，认为公司与股东、员工、客户、供应商等相关利益者之间存在关系契约，公司为了树立良好的关系契约声誉，会进行盈余管理，报告高利润(Bowen 等，1995；方红星和张勇，2016)。

资本市场动机，是指投资者、分析师等资本市场上的报表使用者会根据公司的会计信息对公司进行估值，使得管理层有动机通过操纵盈余来影响公司股票的短期价格。国内外研究均发现公司在首次公开募股(IPO)、再融资(SEO)、配股等场合中，为了提高发行价格、谋取私人利益，或者为了达到监管层要求获取的发行资格，会操纵应计项目，甚至进行真实的盈余管理，且后期通常伴随业绩的下降(Teoh 等，2010；蔡春等，2013；蒋义宏和李树华，1998；王亚平等，2005)。Burgstahler 和 Eames(2010)、Degeorge 等(1999)、王晶晶(2011)、韦德洪和文静(2013)等的研究则发现公司管理层会通过盈余管理来迎合分析师对公司的盈利预测。

政治成本动机，是指公司为了避免政治成本而进行盈余管理。Zimmerman 和 Watts(1986)发现美国上市公司为了规避反垄断调查，或避免陷入不利的政治程序，会进行盈余管理以调低盈利能力。Jones(1991)发现上市公司在申请进口减免税优惠等政府补助期间，会递延收益。张晓东(2008)发现为了规避政治成本，石化行业公司在油价飙升期间会调减利润。政府对经济运行干预得越多，公司面临的政治成本就越复杂，可能会影响其盈余管理的目标和方式。

二、盈余管理与税收成本

避税、规避税收监管也是影响公司盈余管理行为的重要因素(陈琴，2010)。现有文献主要从所得税成本如何影响盈余管理的角度进行研究。Shackelford 和 Shevlin(2001)认为所得税成本会影响公司的盈余管理水平，高额的所得税成本会削弱管理层进行向上盈余管理的动机。王跃堂等(2009)研究了所得税税率变化对公司盈余管理的直接影响。李增福和郑友环(2010)、赵景文和许育瑜(2012)均发现税收成本是影响盈余管理方式选择的重要因素。Erickson 等(2004)以 1996 年至 2002 年被美国证监会认定为虚增利润、财务欺诈的 27 家公司为样本,发现这些公司平均每虚增 1 美元的利润,就需要多承担 12 美分的公司所得税成本。国内研究中,叶康涛(2006)发现中国公司进行盈余管理的所得税成本低于美国公司,具体而言,中国公司平均每增加 1 元的利润,所得税支出仅增加 0.012 元。但是,目前国内外文献均较少讨论公司增值税成本及其对盈余管理的影响。

综上所述,关于盈余管理的研究相当丰富,其中讨论税收成本与盈余管理的相关文献主要研究的是企业所得税成本对盈余管理决策的影响,及盈余管理行为导致企业所得税成本增减的经济后果,但是少有文献将增值税成本纳入研究范畴,这使得我们在理解我国税制对公司会计、财务决策的影响时不够充分、完整,本书的第四章将讨论增值税的黏性及其影响因素,有助于更好地理解增值税的性质。第五章通过探讨公司盈余背后承担的税种和税收成本的差异,以及由此带来的公司盈余管理的啄序决策,丰富、补充了已有研究。

第二节 税收与投资决策相关文献

在以往研究中,税与公司投资行为的研究大致可分为三个方面,分别考察税对公司投资规模、投资结构以及投资效率的影响。

一、税收与投资规模

根据新古典经济学理论,当一个项目的边际收益大于边际成本时,就应当进行投资。所得税对计算项目的收益和成本具有双重影响:一方面增加了获取收益的成本,另一方面折旧和投资的抵税效应减少了投资的成本(Hanlon 等,2010)。国外学者进一步采用公司价值是否增加来判断公司是否应当进行投资,即边际上的托宾 Q 是否大于 1(Hassett 和 Newmark,2008;Hanlon 等,2010)。税作用于投资规模有两个途径:其一,税收优惠直接增加了公司控制的经营资产。根据优序融资理论(Myers 等,1984),内源性资本的资本成本是最低的,降低的资本成本使得投资成本下降,满足边际收益大于边际成本的投资项目变多了,从而提高了投资规模。其二,税收优惠和税率的改变会直接改变计算投资项目净现值中需要用到的现金流入和现金流出的数据,直接影响投资项目净现值的计算。

国外的实证研究主要关注所得税和派遣税对公司投资决策的影响。早期研究从宏观角度研究税负与投资的关系,而较少考虑公司特征,后来则加入了更多的横截面分析。Berger(1993)首先验证了税收动机对公司研发支出的作用。由于存在税收抵免,因此促进了研发投资,但是由于同时存在财务报告成本与税收成本,因此投资研发与避税是一个需要权衡的问题。派遣税的研究是一个热门的课题,考察国外直接投资子公司在面临派遣税的情形下,如何做出投资决策(Hanlon 等,2015;Hanlon 等,2010)。此外,当公司支出被征税时,内部融资成本比外部融资成本低,高支出税促进内部融资公司的投资(Becker 和 Jacob,2013)。

国内的实证研究在国外研究的理论基础上增加了流转税以及产权性质方面的讨论。马拴友(2001)发现对非国有经济实行税收优惠可以促进其投资;但对国有经济投资的影响不显著。贾俊雪(2014)也发现降低有效平均税率可显著提升各类企业的进入率。胡凯和吴清(2018)、李万福和杜静(2016)均发现我国在企业所得税上研发的税收激励可以促进企业研发支出规模的扩大。聂辉华等(2009)认为增值税转型相当于降低了企业使用固定资产的机会成本,也相当于降低了资本的价格,显著地促进了企业对固定资产的投资。许伟和陈斌开(2016)基于增值税转型的自然实验,利用工具变量法估计显示,减税能够促进投资,具体而言,增值税有效税率每降低1%,企业投资就会增加约16%。

二、税收与投资结构

已有研究表明研发投入作为一种非债务税盾,与企业负债呈替代效应(王亮亮和王跃堂,2015)。投资于无形资产可以直接费用化为内部研发开支,在具有税收优势的同时具有财务报告劣势,两者的权衡会影响企业对有形资产和无形资产的投资决策(Robinson和Sansing,2008)。

与此同时,税收政策的不同也会影响公司的研发投入和固定资产投资的比重。2004年开始在东北地区实行的增值税转型显著激励了公司对固定资产的投资,提升了资本劳动比和生产率,且公司效率的提高主要是通过资本代替劳动的方式,而非自主技术创新(聂辉华等,2009)。

付文林和赵永辉(2014)发现在企业投资支出中存在不同程度偏向权益型投资的倾向;税收激励对企业权益型投资的促进要显著强于对固定资产型投资的促进。相比国有企业,民营企业的融资约束更大,对于高风险的投资活动也就更加保守,因而在权益型投资模型中,民营上市公司现金流变量的回归系数为负。Falsetta等(2013)研究了资本利得税对风险投资的影响,发现税负缓慢下降比立即下降引起更多的风险投资上升;相反,税负立即上升比缓慢上升引起更多的风险投资下降。McGuire等(2014)发现拥有投资机会更多、经营不确定性更高的企业投资于避税活动的可能性更低,而面临更大的资本市场压力的企业更倾向于投资避税活动。

三、税收与投资效率

国内外有关税收与投资效率的文献研究角度不同。有些研究从避税的经济后果的角度研究避税活动对公司投资效率的影响(刘行和叶康涛,2013),发现给定其他条件不变,公司的避税程度越高,投资效率越低,并且主要表现为投资过度而非投资不足,完善公司治理可以缓解公司避税所导致的投资过度。有些研究从税收政策变化入手,研究税收政策对投资效率的影响,比如万华林等(2012)实证发现在2009年的增值税转型中,公司投资补贴的正面效应大于所得税负面效应,在整体上增加了公司投资价值相关性;而且公司的所得税税率越低,增值税转型对投资价值相关性的增进作用越大。还有研究从公司股东的个人所得税入手,用动态的实物期权模型证明高个人所得税税率的投资者所拥有的公司倾向于过度投资(Morellec和Schürhoff,2010)。

本书第六章主要研究公司预期税负,区分增值税税负和所得税税负对其投资规模的影响,并且同时考虑产权对其的影响,即作为国有控股股东的政府机构具有独占税收的私有收益,会产生特殊的国有控股股东与其他股东之间的代理问题,进而对国有控股上市公司的投资行为产生影响。

第三节 税收与公司价值相关文献

一、企业所得税与公司估值

关于税收的价值相关性,目前较多的研究集中于财务报表披露的递延所得税项目的价值相关性,如 Amir 等(1997)、Ayers(1998)、Amir 和 Sougiannis(1999),以及 Dhaliwal 等(2000)。在这些研究中,通常以公司的市场价值作为被解释变量,以资产负债表中的递延所得税项目作为解释变量,实证结论较为一致,认为市场会对递延所得税项目进行定价,而对于市场是否会对估值备抵项目(Valuation Allowance Account)定价,实证结论并不一致。Amir 等(1997)的研究还发现,市场是否会对递延所得税项目的不同组成部分进行不同定价取决于各个组成部分何时可能发生转回,与递延所得税项目根据其收益或者损失最终实现的可能性以及实现的时间跨度被市场定价类似,市场也会对递延所得税的具体组成项目进行相应的贴现定价。Dhaliwal 等(2000)研究发现表外的递延所得税负债同样会被市场定价。但上述研究的一个重大缺陷是,他们使用的递延所得税数据都为 1992 年至 1994 年的资产负债表数据,距离美国财务会计准则第 109 号准则颁布的时间较近,其结果的外部效度可能受到质疑,因为在样本时间段,市场可能正处于学习期。

此外,还有一些学者从公司税率变动与公司价值变动的相关关系视角来研究公司税负的价值相关性。Givoly 和 Hayn(1992)利用美国 1986 年税法改革(所得税税率由 46% 降低至 34%)研究了递延所得税负债的估值问题,由于税率下降减少了公司未来的现金流出,可能增加公司价值,递延所得税负债通常被视作公司未来的"真实"负债(例如,未来支付的税金),因此公司股价的变动应当与公司递延所得税负债相关。研究发现市场确实将递延所得税负债作为负债进行定价,公司的异常收益与其递延所得税负债正相关,与市场预期的当公司的所得税税率下降时,其递延所得税负债也下降相一致,并且当递延所得税负债实现的可能性更低以及预期转回的时间更长时其市场反应更小。Chen 等(2003)利用1993年公司法定税率由34%提高至35%研究分析师(或投资者)在进行盈余预测时是否会考虑税率的变化,实证检验发现投资者或分析师并没有使用这一信息,可能的解释是分析师或市场无效,或者是因为税率只提高一个百分点,并不足以发现结果。与递延所得税估值相关的三篇理论研究(Sansing,1998;Guenther 和 Sansing,2000;Guenther 和 Sansing,2004)认为,不应当根据递延所得税转回的时间长短对其进行折现,换言之,递延所得税的估值与其转回的时间期限无关。该研究结果与 Givoly 和 Hayn(1992)以及 Amir 等(1997)的实证研究发现相违背。

Frischmann 等(2008)、Robinson 和 Schmidt(2013)对 10-K 报告[①]中释放的未识别税收优惠信息和未预期盈余进行回归,发现与市场对税收筹划活动的积极反应相似,市场也会对意外准备账户(Contingency Account)具有正向反应,并且信息披露质量越高,这种正向作用越不显著。

二、会税差异与公司估值

纳税申报表信息的不可得使得市场参与者无法获知准确的应税收入信息,但是能够根据所得税税率以及报表中的税负信息对应税收入进行估计。会计报表收入与估计的应税收入差异(以下简称"会税差异")会反映各种盈余特征;一些文章研究了市场是否会处理会税差异信息,或对此进行估值;另一些文章研究了市场是否充分、及时地对会税差异信息进行定价。Hanlon(2005)对当期回报与报表中税前收入以及估计的应税收入分别进行回归,发现虽然报表税前收入相对而言对当期回报是"更有用"的信息,但是估计的应税收入依然能够提供增量信息。Ayers 等(2009)对 Hanlon(2005)的研究进行拓展,研究了公司间盈余管理以及税收筹划的差异对估

[①] 10-K 是美国证券交易委员会要求上市公司每年提高的有关其财务表现与公司运营的综合性报告。

计的应税收入信息含量的影响，发现在更保守的税收筹划以及更激进的盈余管理下，其估计的应税收入信息含量更高。Lev 和 Doron(2004)、Hanlon(2005)等研究了市场对财税差异信息的识别与反应，包括财税差异与盈余增长、盈余持续性的关系。Schmidt(2006)研究了税负信息的持续性以及市场对此的反应。Lev 和 Doron(2004)、Thomas 和 Zhang(2014)以及 Weber(2009)则主要关注了市场是否及时、有效地反映会税差异信息，研究发现无论是未预期的估计应税收入还是估计应税收入与报表收入之比，都能预测股票未来收益，说明税负信息并没有及时、充分地反映于当前市场价值中。Weber(2009)的研究进一步解释了市场未能及时、有效地反映财税差异信息的原因在于作为税负信息的解读与传递者的分析师没有充分利用估计的应税收入信息。

尽管财务报表中的税负项目并不能有效反映公司的实际税负，但是依然能够帮助解释未来盈余以及股价：一方面可能在于资本市场并不关注公司的实际税负而在意报表中的所得税项目；另一方面可能在于报表中的税务信息可能传递了其他为投资者所用的信息。这样就需要研究以识别报表中的税负项目到底传递了什么样的非税信息，这些信息又是如何影响市场定价的。税负项目的定价研究带来了市场是否有效的思考，然而从另一角度而言，税负项目（包括财税差异）也可能是被忽略的定价因子，有待学者们继续探究。关于市场对估计的应纳税所得额的定价问题，目前的研究使用的估计应税收入是基于利润表中的所得税费用计算的，没有办法区分市场是对应纳税所得额估值还是对利润表中的项目估值。当前税负估值的大部分研究主要关注股票市场参与者对税负信息的使用，关于其他市场参与者（债务市场、客户、员工或者监管机构）对财务报表中税务信息使用的研究也应引起关注。

Hanlon 和 Slemrod(2009)实证检验了公司避税新闻报出会导致股价下降，但是当公司被认为通常很少采取税收激进措施时，这种消极反应不显著。这一发现与之前的结论一致，即当公司的财务报告使投资者相信公司很少采取税收激进措施时，市场会对公司尝试降低税负的信号产生积极反应。

学术界认为，如果不考虑税收因素，会计政策和股息政策只会产生利润的时间性差异，有学者认为这种时间性差异并不会对公司价值产生重要影响(Penman，1992；Feltham 和 Ohlson，1995)，这也就意味着，公司的会计政策和股息政策对公司价值的影响无足轻重。但是，在现实世界中，税收是客观存在的，我们需要考虑税收对公司决策的影响及其带来的经济后果。Zeng 等(2006)在 F‐O 模型的基础上加入所得税变量，并提出公司价值等于"会计价值底线"与未来所得税现值之间的差额。王跃堂等(2009)以我国 2008 年税制改革背景研究了税率变化的市场反应，发现在该次税制改革中，企业所得税税率有所下降的公司会得到投资者正面的反应，投资者能够解读税负变化对公司价值的影响。与 Weber(2009)的研究结论相似，伍利娜和李蕙伶(2007)研究了我国投资者对会税差异信息的理解与反应，认为会税差异可以预警上市公司的会计盈余质量，但我国的投资者未能准确解读会税差异过大与盈余持续性低之间的关系，因而造成证券市场存在估值偏差。刘行和李小荣(2012)研究发现，在不同产权性质的公司中，地方政府控制的国有企业的税收负担最重，但是，金字塔型的公司治理结构可以降低其实际企业所得税税率，而税负的减轻可以提升其市值，有显著为正的累积超额收益。朱凯和孙红(2014)采用事件研究法发现，国家税务总局颁布的《特别纳税调整实施办法(试行)》加强了政府对公司关联交易的税收监管，减少了上市公司具有机会主义倾向的关联交易行为，有利于完善公司治理，增加公司价值，公司的股价显著上升。

当前关于税收与公司价值的研究多是基于企业所得税的研究。由于税制差异，在我国，以增值税为主的流转税是公司除所得税之外的重要税负之一，但是增值税与公司价值的关系尚未得到足够重视。增值税在征收形式上是价外税，是否会影响公司价值，增值税信息披露是否会改善会计盈余质量，都有待实证检验。本书的第七章对上述问题进行了实证检验。

第四章 公司的税收成本与税负黏性

本章着重研究在我国税制下,公司税收成本的特点以及流转税税负黏性特征。首先,分析了以增值税和企业所得税为双主体的税制下,我国公司不同盈余背后所承担的税种以及税负水平的差异;其次,讨论税制特征与公司流转税税负黏性之间的关系,检验公司的经营风险和政企关系两种因素对流转税黏性的影响;最后,检验了宏观上地区间税收超GDP增长与地方公司税负黏性的关系。

第一节 增值税环境下公司税收成本分析

虽然目前我国增值税的最高一档税率仅为13%,低于25%的企业所得税税率,但在计算增值税时,公司只能以采购原材料所支付的增值税进项税额进行抵扣,在计算所得税时,公司不仅可以将原材料在税前扣除,而且可以将固定资产折旧、财务费用等项目在税前扣除。可见,两个税种的税基存在较大区别,虽然增值税税率低于所得税税率,但是考虑纳税基础的影响,增值税成本可能实际上高于所得税成本,特别是在公司的边际收益大于经营利润的情况下。

国家统计局数据显示,2016年我国各项税收共计13.04万亿元,其中国内增值税为4.07万亿元,企业所得税为2.89万亿元,增值税占各项税收的比重约为31%,企业所得税占比约为22%。增值税是流转税中的主要组成部分,自2016年5月1日起全国范围内全面推开营业税改征增值税试点后,增值税占据更大比重。2021年我国各项税收共计17.27万亿元,其中国内增值税为6.25万亿元,企业所得税为4.20万亿元,增值税占各项税收的比重约为36.19%,企业所得税占比约为24.32%。

从税收规模的角度看,我国采用以增值税为主体的税制结构。对于公司而言,增值税和企业所得税是重要的税收负担,因此管理层在做盈余管理决策时,要兼顾增值税成本和所得税成本。

图4.1是2016年我国主要流转税种(增值税、营业税、消费税)与企业所得税税收收入的结构。"营改增"全面实施后,自2017年起,财政部国库司公布的国家财政收入情况里不再列示"营业税"一项,图4.2显示了2017年国内增值税、消费税以及企业所得税的税收收入结构。从图4.1和图4.2可以看出,增值税收入的比重在"营改增"前后都占据主体地位,流转税中的增值税与企业所得税相比,金额所占比重更高,我国流转税中的增值税既是财政收入的重要来源,也是公司的重要税负。因此在探讨中国公司

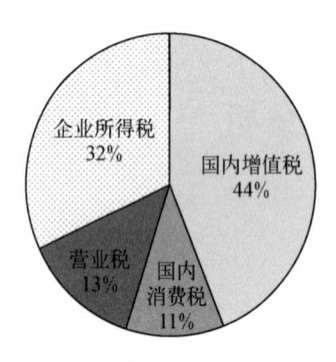

数据来源:国家统计局。

图4.1 我国2016年增值税、营业税、消费税、企业所得税税收收入的结构

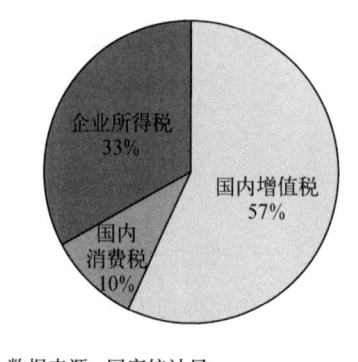

数据来源:国家统计局。

图4.2 我国2017年增值税、消费税、企业所得税税收收入的结构

盈余管理的税收成本时，不仅要考虑所得税成本，更不能忽略增值税成本。本章首先分析在中国税制的背景下，公司盈余背后承担的税种及税收成本的差异，以补充以往相关文献的研究。

国家税制规定的税种、税率和税基会影响公司盈余管理的税收成本，公司管理层出于效用最大化考虑，进行盈余管理的同时，倾向于选择能够使税收成本最小化的盈余管理手段。具体来说，收入和原料成本等项目（后文为增值税项目）会影响公司计算增值税的税基，也会影响公司计算所得税的税基；而销售费用、管理费用、财务费用等其他项目（后文为所得税项目）则与增值税的税基无关，只与所得税的税基相关。从盈余管理的目标水平来看，操纵增值税项目和所得税项目是等价的，都可以达到预期的盈余水平，但是两类项目的税收成本不同，公司的税收现金流出不同。管理层在选择盈余项目进行管理时，需要考虑税收成本及现金流出。举个简单的例子，管理层无论是选择增加1元的收入，还是选择减少1元的管理费用，都能达成增加净利润的目标，但是两种选择给公司带来的税收成本不同，前者除了会增加所得税成本外，还会增加增值税成本，而后者仅增加了所得税成本。

因此，本节实证检验在我国税制下，公司不同的商业行为、不同的会计盈余所承担的税种以及税负水平的差别，以为今后研究我国税制下的公司财务决策提供基础。

一、理论分析与研究假说

在以增值税和企业所得税为双主体的税制结构下，公司管理层不同的经营策略，或者说对利润表不同项目进行盈余管理，存在不同的纳税成本：(1) 在其他条件不变的情况下，公司增加或虚增（虚减）增值额（收入与原材料成本之间差异），会同时增加（减少）增值税成本和所得税成本，即增值税项目的税收成本是增值税与所得税成本之和；(2) 当公司增加或虚增（虚减）增值税项目以外的其他项目，即所得税项目时，只会增加（减少）所得税成本。也就是说，公司不同经营决策产生的盈余项目背后所承担的税收及税收成本是不同的。

在这种税制结构下，不同的经营决策，或者对利润表中不同盈余项目进行操纵,会给公司带来不同的纳税成本。其他条件不变的情况下:(1)当公司虚增(虚减)收入时,不仅面临更高(更低)的所得税成本,而且面临更高(更低)的增值税成本;(2)当公司虚增(虚减)原材料成本时,可以同时减少(增加)所得税成本和增值税成本;(3)当公司虚增(虚减)如销售费用、管理费用、财务费用中不得作为增值税抵扣的期间费用时,会减少(增加)所得税成本,不改变增值税成本。综上所述,在相同的盈余管理水平下,公司通过对不同盈余项目进行操纵,会得到不同的盈余结构及相应的税负。表4.1通过情景模拟,分析了公司不同经营决策下,或对利润表中不同项目进行盈余管理后,最终对公司整体税收成本的影响。

表 4.1　　　　　盈余管理税收成本的模拟分析结果　　　　　单位:元

项目	实际情况	盈余管理 情景1	盈余管理 情景2	盈余管理 情景3
销售收入	150	150	150	150
原材料成本	50	50	40	60
增值额	100	100	110	90
人工成本	20	15	20	10
制造费用	20	15	20	10
销售费用、管理费用、财务费用	10	10	10	10
营业利润	50	60	60	60
所得税(25%)	12.5	15	15	15
净利润	37.5	45	45	45
增值税	17	17	18.7	15.3
税收支出	29.5	32	33.7	30.3
税收支出占销售收入的比例	19.67%	21.33%	22.47%	20.20%

表4.1中的实际情况为公司未操纵盈余的情形,增值额为100元,增值税成本为17元,营业利润为50元,所得税成本为12.5元,总税收成本合计29.5元,占销售收入的19.67%。后三列模拟了公司对不同盈余项目进行操

纵的三种情景。

情景1：公司降低了收入和原材料成本以外的其他成本（人工成本和制造费用），使所得税的应税利润上升10元，所得税费用从2.5元增加至15元，而增值额不变，缴纳的增值税总额不变，总的税收成本为32元，占销售收入的比例为21.33%。这种情况下的盈余管理只增加了所得税成本。

情景2：公司通过降低原材料成本以提高营业利润10元，与情景1相比，所得税成本不变，但是公司因原材料成本下降而必须支付额外的增值税1.7元，总的税收成本为33.7元，占销售收入的比例为22.47%，总税负高于情景1。

情景3：公司虚增原材料成本10元，且降低人工成本和制造费用各10元，使营业利润达到60元的同时，减少总税收支出。在这种情景下，增值税成本降低至15.3元，总税收成本为30.3元，占销售收入的20.20%。虽然情景3下的盈余管理所导致的税收成本高于实际情况，但是可以在保持净利润相同的条件下使总税收成本低于情景1和情景2。

值得注意的是，在上述三种情景下，公司最终的净利润相同，都达到了虚增10元营业利润的效果，所得税成本相应增加了2.5元。但是由于盈余操纵的手段不同，盈余的内部结构不同，三种情景下的增值税成本不同，因此公司面临的总税收成本存在差异。

综上所述，在我国的税制结构下，公司的不同盈余项目所要缴纳的税种、承担的税负大小是有差异的，在这个前提条件下，公司进行盈余管理时，必然考虑不同盈余管理的方式对税收成本的影响。本节分别实证检验增值税项目盈余和所得税项目盈余与公司税收成本之间的关系。

二、研究设计

本节首先检验盈余结构与税收成本之间的关系，即对不同项目的盈余管理是否会导致不同的增值税、所得税的税收成本。采用如下回归方程考察两者关系：

$$TAX_{i,t}/VAT_{i,t}/CIT_{i,t} = \alpha_1 + \beta_1 VATPROFIT_{i,t} + \beta_2 NVATPROFIT_{i,t}$$
$$+ \beta_3 LEV_{i,t} + \beta_4 SIZE_{i,t} + \sum Year + \sum Industry + \varepsilon_i$$

(4.1)

其中，$TAX_{i,t}$ 为公司的总税收成本（不包括公司的营业税、消费税、城市维护建设税、资源税和教育费附加等相关税费），具体计算方法为以现金流量表中披露的支付的各项税费，加上本期应交税费与上期应交税费之差，再扣除营业税金及附加的净额，并除以营业收入进行标准化[①]；$CIT_{i,t}$ 表示公司的所得税成本，具体计算方法为利润表中的所得税费用扣除现金流量表中的递延所得税资产减少与递延所得税负债增加，即公司支付企业所得税的现金流出；$VAT_{i,t}$ 为公司的增值税成本，由于上市公司财务报表中没有单独披露增值税的金额，因此以公司的总税收成本扣除所得税成本后的差额作为增值税成本的代理变量。以上三个衡量税收成本的代理变量分别作为被解释变量。

主要解释变量为 $VATPROFIT_{i,t}$ 和 $NVATPROFIT_{i,t}$。前者代表与增值税相关的盈余组成部分，在我国的税制安排下，这部分盈余不仅需要缴纳所得税，而且需要缴纳增值税，具体金额为销售收入与采购原材料金额之差；后者代表与增值税无关的盈余组成部分，这部分盈余主要缴纳所得税，具体为营业利润扣除上述与增值税相关的盈余后的盈余部分。两者均除以平均总资产进行标准化。

根据之前的分析，与增值税相关的盈余不但要缴纳所得税，而且要缴纳增值税，这部分盈余越高，公司的增值税、所得税以及总税收成本均越高，因此，我们预期，在以 TAX、VAT、CIT 分别为被解释变量的三个回归结果中，VATPROFIT 的系数均应大于 NVATPROFIT 的系数。

在税收成本模型的控制变量方面，选取了有息负债比例（LEV）和资产规模（SIZE）分别控制公司利息节税效应和公司规模等因素对税收成本的可能影响，并同时控制了行业和年度。

表 4.2 列示了研究设计中所需要的各个变量的定义和具体计算方法。

[①] 根据会计等式，期初应交税费＋本期计提应交税费－本期支付税费＝期末应交税费，因此，本期计提应交税费＝本期支付税费＋（期末应交税费－期初应交税费），在此基础上扣除"营业税金及附加"来估算公司当期缴纳的总税收（不包括"营业税金及附加"科目中的税费）。

表 4.2　　　　　　　　　　回归模型的变量定义

变量	定义
TAX	总税收成本 = $\dfrac{\text{支付的各项税费} + (\text{本期应交税费} - \text{上期应交税费}) - \text{营业税金及附加}}{\text{营业收入}}$
CIT	所得税成本,所得税费用扣除现金流量表中的递延所得税资产减少与递延所得税负债增加,并除以营业收入进行标准化
VAT	增值税成本,总税收成本扣除所得税成本,并除以营业收入进行标准化
PROFIT	净利润＝净利润÷营业收入
VATEARN	与增值税相关的盈余÷营业收入
NVATEARN	与增值税无关的盈余÷营业收入,即 $\dfrac{\text{营业利润} - \text{与增值税相关的盈余}}{\text{营业收入}}$
LEV	负债率 = $\dfrac{\text{短期借款} + \text{长期借款} + \text{应付债券}}{\text{平均总资产}}$
SIZE	公司平均总资产的自然对数

三、实证结果分析

为避免 2016 年"营改增"以后带来的政策影响,选取了 2002 年至 2015 年非金融行业的上市公司作为研究对象,剔除了股东权益账面价值为负数的样本以及缺失关键变量的观测值。考虑到亏损公司会导致各项税收成本的估算值与真实值产生较大偏离,因此剔除了亏损公司样本,最终观测值为 14 565。样本公司的各项财务指标取自 CSMAR 的财务数据库,将所有指标均按上下 1% 分位数进行 Winsorize,以控制极端值的影响。表 4.3 是主要变量的描述性统计结果。

表 4.3 中,VAT、CIT 分别为公司缴纳的增值税、所得税占营业收入的比例,其中增值税平均占营业收入的 4.37%,所得税平均占营业收入的 2.33%,这和图 4.1、图 4.2 的统计结果基本上是一致的,可见缴纳增值税占用公司的现金比所得税多,说明了在中国,增值税是财政收入的重要来源之一。VATEARN 和 NVATEARN 分别代表与增值税相关的盈余和与增值税无关的盈余,其均值分别为 0.214 7 和 −0.107 5。

表 4.3　　　　　　　　回归模型(4.1)变量的描述性统计

变量	观测值	均值	标准差	最小值	中位数	最大值
TAX	14 565	0.067 2	0.049 5	0.005 2	0.054 4	0.277 4
VAT	14 565	0.043 7	0.036 3	0.001 1	0.034 3	0.192 5
CIT	14 565	0.023 3	0.025 8	0	0.015 3	0.143 5
VATEARN	14 565	0.214 7	0.237 2	−0.917 8	0.203 5	0.860 4
NVATEARN	14 565	−0.107 5	0.235 5	−0.690 2	−0.121 0	1.204 1
NETPROFIT	14 565	0.100 7	0.107 0	0	0.068 0	0.644 8
SIZE	14 565	21.743 6	1.189 9	19.155 9	21.589 6	25.300 8
LEV	14 565	0.197 6	0.163 3	0	0.179 2	0.651 7

表 4.4 是盈余结构与税收成本之间关系的回归分析结果。模型(4.1)的回归结果中,第(1)列显示公司净利润与税负是显著正相关的,第(2)、(3)和(4)列将公司的盈余分为与增值税相关的部分(VATEARN)和与增值税无关的部分(NVATEARN)。其中 VATEARN 的系数均显著为正,表明与增值税相关的盈余会增加公司的税收成本,无论是增值税成本还是所得税成本。[①] 比较每一列回归结果中变量 VATEARN 和 NVATEARN 的系数大小,并检验了两个系数是否存在显著差异,结果显示 VATEARN 的系数显著大于 NVATEARN 的系数,表明与增值税相关的盈余对税收成本的影响更大。如前所述,销售收入扣除原材料采购的部分不但是增值税的税基,需要缴纳增值税,而且是所得税的征税对象,因此这部分盈余需要缴纳双重税收,对公司税收成本的影响更大。回归结果基本上支持了不同经营决策下,不同的盈余结构,税收成本是不同的这一观点。

---

① 增值税转型后,购买固定资产也可作为增值税进项税抵扣,因此扣除(销售收入−原材料采购成本)后的盈余仍会影响增值税的缴纳额,这解释了第(3)列中 NVATEARN 的系数较小但仍然是正显著的。

表 4.4　　　　　　　　　盈余构成的税收成本：回归结果

变　量	(1) TAX	(2) TAX	(3) VAT	(4) CIT
NETPROFIT	0.258 5*** (45.32)			
VATEARN		0.181 5*** (21.54)	0.065 5*** (15.10)	0.112 0*** (22.32)
NVATEARN		0.148 7*** (17.49)	0.043 0*** (9.98)	0.102 4*** (19.64)
SIZE	−0.001 4*** (−4.62)	−0.003 0*** (−9.01)	−0.002 9*** (−11.28)	0.000 0 (0.07)
LEV	−0.004 4* (−1.86)	−0.004 3 (−1.54)	0.002 9 (1.41)	−0.008 1*** (−5.94)
Constant	0.049 0*** (7.10)	0.087 0*** (11.36)	0.082 6*** (14.42)	0.000 8 (0.23)
行业	控制	控制	控制	控制
年度	控制	控制	控制	控制
Observations	16 151	16 151	16 151	16 151
Adjusted R^2	0.440	0.385	0.262	0.521
F	167.9	138.4	119.5	120.3

检验 VATEARN 与 NVATEARN 在第(2)、(3)、(4)列中是否存在显著差异：
$F(1, 16\,112)=130.97$　　$F(1, 16\,112)=116.05$　　$F(1, 16\,112)=46.97$
$Prob>F=0.000\,0$　　$Prob>F=0.000\,0$　　$Prob>F=0.000\,0$

注：括号中为回归系数的异方差稳健 t 值；*** 表示 1%水平显著，** 表示 5%水平显著，* 表示 10%水平显著。

控制变量 LEV 的符号与理论预期是基本一致的。LEV 的回归系数在第(1)列和第(4)列中显著为负，说明公司负债率越高，利息节税效应越明显，可以显著降低公司税收成本，尤其是所得税成本，而公司负债率与增值税成本之间无显著相关性。

第二节 增值税税负黏性研究

与成本黏性相似(Anderson 等,2003;孙铮和刘浩,2004),税负黏性指的是公司税负随相应税基非对称变化的现象,即税基上升时,税负随之增加,但税基下降时,税负下降的幅度较小。

王百强等(2018)研究发现企业所得税支出存在黏性,且在地方财政压力较大、外部治理环境较差的地区以及党代会召开年度,企业所得税黏性更加明显。在我国,以增值税为主的流转税和企业所得税是国家税收的主要来源,2017 年国家税收总收入为 144 360 亿元。其中,增值税为 56 378 亿元,占 39.05%;企业所得税为 32 111 亿元,占 22.24%。可见,流转税尤其是增值税,在中国政府税收收入中占有举足轻重的地位。而对于公司来说,流转税和所得税虽然在抵扣项目、汇算清缴等征收细节上存在差异,但是两者的实质是相同的,都是重要的现金流出。因此,在研究中国公司税负黏性时,应把流转税纳入整个研究的框架。

本节主要探讨流转税的税负黏性,并且检验了影响流转税税负黏性的公司自身特征和外部监管环境,以及微观层面公司的税负黏性与宏观层面税收超 GDP 增长之间的关系。

首先,作为基础性因素,税制特征决定了税负与营业收入关联的程度。在我国当前的税制中,流转税和企业所得税的扣减项目不同,税基和营业收入的关联程度存在差异,不同税种的税负变化与公司收入的非同步性存在差异,形成了不同税种之间的税负黏性,并且税务机关对公司税收的监管力度以及稽查能力会影响公司税负黏性的大小,监管力度越大,稽查能力越强,公司避税空间越小,税负的黏性越大。

其次,公司税负黏性受到公司经营风险及其政企关系的影响。虽然增值税具有可转嫁性,但是税收监管仍然使其呈现黏性特征。公司的经营风险会降低其税负转嫁能力,但较高的不确定性能够通过增强公司避税动机、增加税务机关进行税务稽查的难度,削弱公司迎合政府税收目标的能力,降低公司的税负黏性。公司的政企关系对公司税负黏性的影响具有两面性:一方面,政企关系能够帮助公司获得更多税收优惠,加强避税效应;另一方面,政府可能会把财政税收压力转嫁到与其有关联的公司,尤其是在税收收入紧张时,这将增加税负黏性。

最后,微观公司的税负黏性具有宏观层面的影响。微观公司的经营收入是GDP的重要组成部分,微观公司缴纳税收的加总是宏观税收的重要组成部分。在公司存在税负黏性的情况下,GDP的增幅会随着部分公司收入下降而有所放缓,但是宏观税负因为微观公司税负没有随收入同比例下降而保持较高水平,表现为宏观税收增长超过GDP增长的税收异象。

本节以我国2004年至2016年上市公司为样本,发现公司的增值税存在税负黏性,营业税则没有明显的税负黏性特征。进一步检验发现,国家加大税收监管力度会增加增值税的税负黏性,公司加大经营风险会降低增值税的税负黏性,而政企关系较强的公司,增值税的税负黏性较大。最后,实证结果发现微观层面公司的税负黏性与宏观层面税收超GDP增长异象相关。实证结果验证了研究假说。

本部分的贡献有以下几个方面:(1)以成本黏性为基础建立模型,从税制特征角度分析公司税负黏性并检验了上市公司的税负黏性,尤其是流转税的税负黏性,对王百强等(2018)的研究结果进行了广泛而深入的扩展。(2)检验了作为公司特征的经营风险和政企关系对税负黏性的影响,丰富了对公司税务行为的研究。(3)国内相关研究大多只考虑所得税税负,虽然流转税(尤其是增值税)是我国公司税负的重要组成部分,但是从微观层面公司角度讨论流转税特性的研究比较少,本节的研究内容填补了这方面的空缺。(4)长期以来,我国税收收入年均增长显著超过同期GDP年均增长,宏观税负不断提高,"税收超GDP高速增长"的反常现象引起了广大学者的关注(安体富,2002;吕冰洋和郭庆旺,2011;周黎安等,2012;方红生和张军,2013;刘金东和冯经纶,2014)。已有文献从经济因素、征管因素和政策因素等角度做出了解释,而这些因素需要首先作用于微观公司行为,继而反映到宏观的税收层面。本节则从微观层面入手,从税负黏性角度提供了可能的解释。

一、理论分析与研究假说

（一）税制特征与税负黏性

企业所得税是对我国内资企业和经营单位的生产经营所得及其他所得征收的一种税。税务机关对企业所得税的自由裁量空间较大。例如，自2008年1月1日起施行的《特别纳税调整实施办法》，是根据《中华人民共和国企业所得税法》《中华人民共和国企业所得税法实施条例》《中华人民共和国税收征收管理法》《中华人民共和国税收征收管理法实施细则》以及我国政府与有关国家（地区）政府签署的避免双重征税协定（安排）的有关规定而制定的，适用于税务机关对企业的转让定价、预约定价安排、成本分摊协议、受控外国企业、资本弱化以及一般反避税等特别纳税调整事项的管理。《特别纳税调整实施办法》主要是针对企业所得税的反避税监督管理，在一定程度上增强了税务机关对企业所得税的征管裁量权。于文超等（2018）认为具有弹性的税收征管影响了企业的经营活动及融资约束。当企业经营业绩下滑时，税务机关的裁量权可能会缩小所得税税负下降的幅度，从而产生税负黏性。王百强等（2018）的研究表明企业所得税确实存在税负黏性，流转税是否同样存在黏性，尚需要实证检验。

在我国，当时的流转税主要包含营业税和增值税。营业税是对在中国境内提供应税劳务、转让无形资产或销售不动产的单位和个人，就其所取得的营业额征收的一种税。营业税税基直接与营业收入挂钩，税基的变化就是营业收入的变化，不涉及对抵扣项的认定，税务监管机关的裁量权空间很小，公司营业税支出的税负黏性应该较低，或者不应该存在税负黏性。增值税是以商品（含应税劳务）在流转过程中产生的增值额作为计税依据而征收的一种流转税。理论上，增值税的税基应该是流转过程中的增值额，但实务中，我国增值税的征管实行凭增值税专用发票（或海关完税凭证）抵扣税款的计税办法。实务中会存在"高征低扣""有征无扣"等导致增值税链条脱节的情况。例如，一般纳税人向小规模纳税人购进货物，就会出现增值税抵扣链条断裂的情况，作为买方，要么无法取得增值税专用发票，没有进项税额可抵扣,要么只能取得由税务机关代开的增值税专用发票,只能抵扣6%或4%的进项税额。这类一般纳税人即使在所经营产品无增值的情况下,仍须按不含税价计算17%或13%的销项税额,而其可以抵扣的进项税额只有6%或4%。另外,税务机关有裁量空间对公司的留抵税额进行认定及稽查,这也会造成增值税产生税负黏性。

基于以上分析,提出假说如下:

假说4.1(a):公司增值税存在税负黏性。

假说4.1(b):公司增值税不存在税负黏性。

(二) 税收监管与税负黏性

税收监管是对公司进行运营、监控的重要外部力量(曾亚敏和张俊生,2009),通过加强税收监管,政府对公司账目进行检查,从而发现漏洞,并减少不法的避税行为和税收流失。税收征管力度的加大能够抑制企业的非法避税行为(王剑锋,2008)。加强税收监管后,地方政府对公司监督更为严格,避税行为特别是非法避税行为被发现和惩罚的可能性提高。在加强税收监管时,公司进行避税的潜在成本上升,实施避税行为的可能性降低。当公司收入增加时,地方政府没有足够的动机加强监管,如果税收超收过多,就会面临中央政府重新分配税收收入的风险(谢贞发和范子英,2015),且出于长期税收竞争考虑,地方政府没有付出征税努力的动机,只是做到应收尽收;但是当公司收入减少,或者地方财政收入难以达到预期时,税收部门就有动机加强税收监管,于文超等(2018)发现地方政府前年的财政盈余越少,当地公司当年被税务检查的概率越大、次数越多。因此,当公司收入减少时,地方政府加强监管的动机加强,税收监管能力也会随着相关法规的出台得到提高,公司的税负相较加强税收监管以前,更难随收入的减少而下降,税负黏性程度增加。从政策性因素角度看,税收监管作为税收部门的自由裁量权,在公司经营收入减少时,由于财政支出压力和税收政策的刚性,因此地方政府会加强税收监管,在税率不变的情况下,限制了公司的避税能力,使税负下降幅度小于公司营业收入的减少幅度,提高了税负黏性。

中国采用了独一无二的信息技术系统——金税工程管理增值税。金税工程通常被认为包含四个子系统：开票系统、认证系统、交叉稽核和发票协查。一般而言，提供"增值税专用发票"是申请进项抵扣的必要条件。为了向客户开具增值税专用发票，每位一般纳税人必须从国家税务局获取专用计算机软件和配套设备，尤其是税控 IC 卡。当纳税人开具发票时，数据必须录入金税设备，随后打印出来的发票将标明买卖双方的身份及纳税人识别号、所提供商品或服务的名称及行业分类、应税金额、应付税额、开票时间、发票号码和其他信息。此外，一份加密代码（84 位或 108 位）将生成并打印在发票上，可反映发票的一部分内容，该密码随后将在采购方持发票申请进项抵扣时被用于鉴别发票的真伪。就销售方的义务而言，金税工程系统的核心功能是将增值税专用发票上的信息录入销售方电脑上安装的 IC卡。纳税人自行更换 IC 卡，每月都必须携卡至国税局，将卡中的内容上传到税务机关的系统中（这些上传的信息将被金税工程系统用于交叉稽核）。金税工程二期在全国范围内建立覆盖总局、省局、地（市）局、县（区）局的四级交叉稽核，把稽核和防伪税控原本相互独立的系统捆绑在一起运行，做到数据共享、功能互补，海关增值税完税凭证也纳入金税工程管理。我国于 2002 年完成增值税税控系统的全面推行工作，金税工程二期取得阶段性成果。自 2003 年 1 月 1 日起，所有增值税一般纳税人必须通过增值税防伪税控系统开具专用发票；同时，全国统一废止手写版专用发票。"以票控税"的理念在金税工程中得以落实，有效加强了对增值税发票的管理，缓解、遏制了经济个体偷、逃国家税款的问题。[①]

金税工程二期落实后，显著加大了对增值税发票的监管。公司以往利用漏洞，获取伪造的或虚开的增值税专用发票，进行超额进项税抵扣，或者漏开、少开增值税专用发票的操纵空间被限制了，这会增加公司的增值税税负黏性。

基于以上分析，提出假说如下：

假说 4.2：金税工程二期落实后（2003 年 1 月 1 日后），增值税税负黏性

---

① 据官方报告称，被送去认证（通过第二个子系统）且有不遵从嫌疑的增值税专用发票比例从 2001 年 1 月的 0.227% 下降至 2007 年 4 月的 0.000 2%；接受审查（通过第三个子系统）且有不遵从嫌疑的发票比例从 2001 年早期的 8.5% 下降至 2007 年 4 月的 0.031%。

增加。

以上是从宏观政策角度看,金税工程二期的落实增加了对增值税的监管。从微观角度看,纳税大户也可能成为税务机关监管的重点对象。席鹏辉(2017)认为对财源的建设和维护是地方政府财政激励的基本体现,其中纳税大户是重要保护对象。相比其他公司,纳税大户缴纳税额减少更可能引起税务机关的注意,招致税收监管,从而阻碍其缴纳税额的减少,导致税负黏性增加。从公司角度看,纳税大户可以获得在税收征管上的优惠,这对公司来说是重要的隐性补贴,公司愿意维持高额的税负以换取这种隐性补贴[①],从而导致税负黏性增加。

基于以上分析,提出假说如下:

假说4.3:相比其他公司,纳税大户的增值税黏性更大。

(三) 政企关系与税负黏性

1994年分税制改革后,中国财政呈现明显集权化倾向,中央政府对税权高度统一和控制。虽然税收政策由中央统一控制,但是地方政府在决定实际税率上仍然存在空间。确定名义税率时,实际税率取决于税务机关的征管效率,地方政府可以通过自身的征税努力影响公司的实际税率(谢贞发和范子英,2015)。地方政府有影响公司实际税率的动机:一方面,分税制改革使中央收回大部分财政收入权力的同时,没有调整中央和地方政府财政支出结构,地方政府仍然承担大部分地方公共产品支出,财政收入和支出间出现缺口,税收收入是地方政府增加财政收入从而弥补缺口的重点关注对象(刘骏和刘峰,2014);另一方面,由于中央政府持有地方政府官员的委任权,因此地方政府为政绩与升迁可能展开"自上而下"的税收标尺竞争(王守坤和任保平,2008)。

国内外的研究表明,政企关系是有经济价值的,良好的政企关系可以给公司带来融资机会(胡旭阳,2006)、政府补助(罗党论和唐清泉,2009;Faccio等,2006)、提高进入高壁垒行业的可能性(罗党论和刘晓龙,2009)、

[①] 例如,席鹏辉(2017)发现纳税大户能够一定程度地豁免于环境规制。又如,在一些税收优惠事务上,纳税大户可以申请"一事一议"。

降低企业的隐性税收(陈运森等,2018)等好处。也有文献指出公司建立政企关系是有成本的,政府官员会说服与其有关联的公司的高管帮助自己实现政治目标(Shleifer 和 Vishny,1994),例如帮助吸纳就业(曾庆生和陈信元,2006;梁莱歆和冯延超,2010)、承担更多社会责任(李姝和谢晓嫣,2014)等。具体到税收方面,政企关系好的公司容易获得税收减免和税收优惠(Adhikari 等,2006;李维安和徐业坤,2013;吴文锋等,2009)。可见,政治关联为公司提供了降低税负的重要途径,增强了公司的避税效应,这在一定程度上降低了公司的税负黏性。

然而为了维持政企关系,公司可能需要多缴纳税款。Acemoglu(2003)指出当地方政府面临较大的税收竞争压力时,会将财政和税收压力转嫁给与其有密切联系的企业,导致企业税负的增加。曹书军等(2009)也发现政府干预越多,企业的实际税负越高。迎合政府的税收目标是公司建立政企关系的一种成本。尤其是当公司业绩不佳时,税基下降,公司对政府的税收贡献不足,政府出于满足财政支出和上级的税收计划,或为了政绩和升迁,有动机将压力施加于关系密切的公司,这就提升了公司的税负黏性。

此外,以往关于政企关系和税负的研究都是基于所得税的环境,而增值税作为中央和地方税务机关的一项更为重要的收入来源,理应更受到政府关注。上述研究推论在强调增值税的环境下仍然适用,但由于政企关系两面性的存在,因此其对增值税税负黏性的影响仍需实证检验。

基于以上分析,提出假说如下:

假说 4.4(a):政企关系越强,增值税税负黏性越大。

假说 4.4(b):政企关系越强,增值税税负黏性越小。

(四) 经营风险与税负黏性

从增值税的可转嫁性看,经营风险较大的公司缺少稳定的客户或供应商;同时,客户或供应商也会识别公司风险状况并对其定价,因此公司对上下游的议价能力相对较弱,税负转嫁能力不足,结合增值税黏性的分析,即使销售水平上升,税基增加,实际承担的税率也无法降低,这将导致公司税负黏性的增加。

然而,较大的经营风险会增强公司的避税动机。以往文献研究发现,在经济环境存在较大不确定性时,公司倾向于保持财务弹性(杜晶和郭旭,2016;刘名旭和向显湖,2014;Bolton 等,2014)、增加现金持有量(江龙和刘笑松,2011)。因此,公司有较强的避税动机,通过减少税负来保证拥有充足的资金储备,以此来面对未来可能的冲击。在经营不确定性较高的情况下,由于公司需要应对潜在的市场风险,因此其迎合政府税收目标的能力变弱,尤其是当税基下降时,公司销售水平或成本控制能力已经呈现下降趋势。

从监管角度看,当公司经营风险较大时,公司的收入波动性增大,税务机关对公司税收监察的难度会上升。例如税收负担率、销售成本率、销售费用率、销售财务费用率、销售管理费用率等一些涉及销售收入的指标,都是国内税务人员在进行税务稽查过程中经常用到的硬指标(陈颖和吴璇,2005;王树岭等,1997),当公司收入不确定性较大时,不便于税务人员识别公司的真实经营状况及应缴的税收水平,会增加税务机关的稽查难度。公司进行避税的潜在成本下降,避税的可能性上升,公司的税负黏性随之减弱。

因此,即使公司对增值税税负的转嫁能力减弱,由于税务人员稽查难度增加导致其税收监管能力减弱,公司也有动机且能够采取更多的除转嫁以外的避税方式,这将减弱税负变化与税基变化的不对称性,从而降低公司增值税的税负黏性。

基于以上分析,提出假说如下:

假说4.5:公司经营风险越大,增值税税负黏性越小。

(五)税负黏性与地区税收增长

"税收超GDP高速增长"的反常现象一直受到学者的广泛关注。已有文献认为,经济因素、征管因素、政策因素是宏观层面税收超GDP反常增长的三大要素(安体富,2002;吕冰洋和郭庆旺,2011;周黎安等,2012;方红生和张军,2013;刘金东和冯经纶,2014;夏晶等,2018)。这从税负黏性这一微观视角为税收增长的反常宏观现象提供了可能的解释。

微观公司的税负黏性具有重要的宏观层面的影响。GDP 是按市场价格计算的一个国家或地区所有常住单位在一定时期内生产活动的最终成果,因此微观公司的营业收入是构成 GDP 的重要部分。宏观的税收收入来源包括增值税、消费税、企业所得税、个人所得税等,但在我国税收结构中,流转税和所得税居于主体地位。公司的税负加总近似组成了宏观的税收收入。

如果微观公司不存在税负黏性,那么税负和收入就会呈现同比例增长;如果微观公司存在税负黏性,公司税负和营业收入变化就存在非对称性,部分公司收入减少时,税负没有同步下降,意味着 GDP 增幅放缓而税收收入仍保持较高水平,表现为宏观税收增长超过了 GDP 的增长,并且地区税负黏性越大,在宏观层面税收超 GDP 增长幅度就越大。当地区存在税负反黏性时,部分公司收入减少,税负下降得更多,税收增长速度将慢于 GDP 增长速度。

公司宏观层面的"税收超 GDP 高速增长"的反常现象与微观层面的公司税负黏性是密切相关的。

基于以上分析,提出假说如下:

假说 4.6:地区税收超 GDP 增长幅度与当地公司税负黏性正相关。

二、研究设计

(一) 样本选取

选择 2004 年至 2015 年全部 A 股上市公司作为研究样本,剔除金融保险业上市公司、资不抵债的公司、相关数据缺失的公司,最终确定的公司-年度样本为 5 165 个。为验证假说 4.6,剔除了公司观测少于 10 个的省份-年度样本,得到 164 个省份-年度样本。数据均来源于国泰安数据库。为了控制异常值影响,对连续型变量进行了上下 1% 的 Winsorize 处理。

(二) 税负黏性模型

基于 Anderson 等(2003)成本黏性研究的 ABJ 模型,构造模型如式(4.2)至式(4.4)所示,这是检验黏性的基本模型,分别检验增值税、企业所得税和营业税的税负黏性以验证假说 4.1。

$$\Delta VAT_{i,t} = \beta_0 + \beta_1 \Delta VATBASE_{i,t} + \beta_2 DVAT_{i,t} + \beta_3 DVAT_{i,t}$$
$$\times \Delta VATBASE_{i,t} + \sum Year + \sum Industry + \varepsilon_{i,t} \quad (4.2)$$

$$\Delta BT_{i,t} = \beta_0 + \beta_1 \Delta BTBASE_{i,t} + \beta_2 DBT_{i,t} + \beta_3 DBT_{i,t}$$
$$\times \Delta BTBASE_{i,t} + \sum Year + \sum Industry + \varepsilon_{i,t} \quad (4.3)$$

$$\Delta CIT_{i,t} = \beta_0 + \beta_1 \Delta CITBASE_{i,t} + \beta_2 DCIT_{i,t} + \beta_3 DCIT_{i,t}$$
$$\times \Delta CITBASE_{i,t} + \sum Year + \sum Industry + \varepsilon_{i,t} \quad (4.4)$$

$\Delta VAT_{i,t}$、$\Delta BT_{i,t}$、$\Delta CIT_{i,t}$分别为公司增值税支出、营业税支出、企业所得税支出的对数变化率，$\Delta VATBASE_{i,t}$、$\Delta BTBASE_{i,t}$、$\Delta CITBASE_{i,t}$分别为增值税税基、营业税税基和所得税税基的对数变化率，取对数变化率主要是利用自然对数函数的性质，缓解数据方差过大的影响。$DVAT_{i,t}$、$DBT_{i,t}$、$DCIT_{i,t}$分别为增值税税基、营业税税基、所得税税基的变化哑变量，在三种税基相比上期增加时取 0，减少时取 1，所以 β_1 和 $\beta_1 + \beta_3$ 分别度量了在三种税基增加和减少时，公司三种税金支出对其对应税基的变化。根据前文税负黏性的定义，如果存在税负黏性，就应当有 $\beta_1 > \beta_1 + \beta_3$，即 $\beta_3 < 0$。

1. 因变量：增值税支出、营业税支出、所得税支出

国内关于税负的研究大多沿袭西方研究——关注所得税税负，流转税是我国公司税负的重要组成部分，只考虑企业所得税税负在中国是不完整的。以现金流量表中"支付的各项税费"项目加资产负债表中"应交税费"项目的期末与期初的差额作为公司总税金支出的替代变量（$TAX_{i,t}$），以利润表中的"所得税费用"项目扣除现金流量表中的"递延所得税资产减少"和"递延所得税负债增加"项目作为所得税支出（$CIT_{i,t}$）的替代变量，以利润表中的"营业税金及附加"项目作为营业税支出的替代变量（$BT_{i,t}$），以总税金支出扣除营业税支出及所得税支出后的余额作为增值税支出的替代变量（$VAT_{i,t}$）。

2. 主要解释变量：增值税、营业税、所得税的税基

增值税是以商品、应税劳务在流转过程中产生的增值额作为计税依据的一种流转税。商品或应税劳务在流转过程中的新增价值难以准确计算，

实务中一般采用以税抵税的方式计算,纳税公司通过计算应税销售产生的销项税与进口、国内采购支付的进项税两者间的差额来计算每一纳税期间的净纳税义务。采用报表附注中披露的前五大客户销售额及其占年度销售总额的比例、前五大供应商采购额及其占年度采购总额的比例分别估算公司的销售额和采购额,以其差额作为增值税的税基(VATBASE)。所得税和营业税的税基则分别以利润表中的"利润总额"和"营业收入"为替代变量。

为检验假说 4.2 金税工程二期落实前后,公司增值税税负黏性是否存在变化,将样本分为 2003 年以前和 2003 年以后两个子样本,对模型(4.2)进行回归,并比较模型(4.2)中 β_3 系数的大小。

为检验假说 4.3 相比其他公司,纳税大户的增值税黏性更大,在模型(4.2)的基础上,添加纳税大户(TAXPAYER)与税基变化率($\Delta VATBASE_{i,t}$)及其变化虚拟变量($DVAT_{i,t}$)的交乘项,其中纳税大户的定义为年度各省缴纳税额在前 10% 的上市公司。具体模型如下,主要关注的是系数 β_7。该系数若显著为正,则表示纳税大户的增值税黏性较小;该系数若显著为负,则表示纳税大户的增值税黏性较大。

$$\begin{aligned}\Delta VAT_{i,t} =& \beta_0 + \beta_1 \Delta VATBASE_{i,t} + \beta_2 DVAT_{i,t} + \beta_3 DVAT_{i,t} \times \Delta VATBASE_{i,t} \\ &+ \beta_4 TAXPAYER_{i,t} + \beta_5 TAXPAYER_{i,t} \times \Delta VATBASE_{i,t} \\ &+ \beta_6 TAXPAYER_{i,t} \times DVAT_{i,t} + \beta_7 TAXPAYER_{i,t} \times DVAT_{i,t} \\ &\times \Delta VATBASE_{i,t} + \sum Year + \sum Industry + \varepsilon_{i,t}\end{aligned} \quad (4.5)$$

为检验假说 4.4 政企关系如何影响公司的税负黏性,已有文献发现政企关系在决定公司能否获取政府补助及其数额大小时有着重要的影响作用,有政治关联的公司比没有政治关联的公司更有可能获得政府补助(杜勇和陈建英,2016;Faccio 等,2006),因此以公司是否获得政府补助的虚拟变量作为政企关系的替代变量(SUB),在模型(4.2)的基础上,添加政企关系(SUB)与税基变化率($\Delta VATBASE_{i,t}$、$\Delta BTBASE_{i,t}$)及其变化虚拟变量($DVAT_{i,t}$、$DBT_{i,t}$)的交乘项。具体模型如下,主要关注的是系数 β_7。该系数若显著为正,则表示政企关系会降低税负黏性;该系数若显著为负,则表示政企关系会增加税负黏性。

$$\Delta VAT_{i,t} = \beta_0 + \beta_1 \Delta VATBASE_{i,t} + \beta_2 DVAT_{i,t} + \beta_3 DVAT_{i,t} \times \Delta VATBASE_{i,t}$$
$$+ \beta_4 SUB_{i,t} + \beta_5 SUB_{i,t} \times \Delta VATBASE_{i,t} + \beta_6 SUB_{i,t} \times DVAT_{i,t}$$
$$+ \beta_7 SUB_{i,t} \times DVAT_{i,t} \times \Delta VATBASE_{i,t} + \sum Year$$
$$+ \sum Industry + \varepsilon_{i,t} \tag{4.6}$$

为检验假说 4.5 经营风险对税负黏性的影响,在模型(4.2)的基础上添加收入波动率(SD)与税基变化率($\Delta VATBASE_{i,t}$、$\Delta BTBASE_{i,t}$)及其变化虚拟变量($DVAT_{i,t}$、$DBT_{i,t}$)的交乘项。其中,收入波动(SD)为公司 $t-5$ 期至 $t-1$ 期销售收入的标准差加 1 后取自然对数。具体模型如下,主要关注的是系数 β_7。该系数若显著为正,则表示公司经营波动越大,税负黏性越低。

$$\Delta VAT_{i,t} = \beta_0 + \beta_1 \Delta VATBASE_{i,t} + \beta_2 DVAT_{i,t} + \beta_3 DVAT_{i,t} \times \Delta VATBASE_{i,t}$$
$$+ \beta_4 SD_{i,t} + \beta_5 SD_{i,t} \times \Delta VATBASE_{i,t} + \beta_6 SD_{i,t} \times DVAT_{i,t}$$
$$+ \beta_7 SD_{i,t} \times DVAT_{i,t} \times \Delta VATBASE_{i,t} + \sum Year$$
$$+ \sum Industry + \varepsilon_{i,t} \tag{4.7}$$

为检验假说 4.6,本节采用 Desai 等(2007)的做法,以样本公司的总税负和销售收入为税基,按照年度-省份进行式(4.8)回归,得到参数 β_1 和 β_3 的估计值,以 $-\hat{\beta}_3/\hat{\beta}_1$(Zhang,2008)表示年度-省份的税负黏性(STICKNESS)。

$$\Delta TAX_{i,t} = \beta_0 + \beta_1 \Delta SALE_{i,t} + \beta_2 D_{i,t} + \beta_3 D_{i,t} \times \Delta SALE_{i,t}$$
$$+ \sum Year + \sum Industry + \varepsilon_{i,t} \tag{4.8}$$

在此基础上,构造模型(4.9)以检验假说 4.6。其中,$TAXOVER_{i,t}$ 表示该省份税收增长率超过 GDP 增长率的程度,$LAGGDP_{i,t}$ 为该省份 $t-1$ 期的 GDP 取对数,$GDPGROW_{i,t}$ 为该省份 t 期的 GDP 增长率。

$$TAXOVER_{i,t} = \beta_0 + \beta_1 STICKNESS_{i,t} + \beta_2 LAGGDP_{i,t}$$
$$+ \beta_3 GDPGROW_{i,t} + \sum Year + \varepsilon_{i,t} \tag{4.9}$$

模型中所用变量符号的名称及含义如表 4.5 所示。

表 4.5　　　　　　　　　　变量符号、名称及含义

变量符号	变量名称	变量含义
$TAX_{i,t}$	总税负	现金流量表"支付的各项税费"＋本期资产负债表"应交税费"－上期资产负债表"应交税费"
$CIT_{i,t}$	所得税支出	利润表"所得税费用"－现金流量表"递延所得税资产减少"－现金流量表"递延所得税负债增加"
$BT_{i,t}$	营业税支出	利润表"营业税金及附加"
$VAT_{i,t}$	增值税支出	$TAX_{i,t} - CIT_{i,t} - BT_{i,t}$
$\Delta VAT_{i,t}$	增值税支出变化率	$\Delta VAT_{i,t} = \ln\left(\dfrac{VAT_{i,t}}{VAT_{i,t-1}}\right)$
$\Delta BT_{i,t}$	营业税支出变化率	$\Delta BT_{i,t} = \ln\left(\dfrac{BT_{i,t}}{BT_{i,t-1}}\right)$
$\Delta CIT_{i,t}$	所得税支出变化率	$\Delta CIT_{i,t} = \ln\left(\dfrac{CIT_{i,t}}{CIT_{i,t-1}}\right)$
$VATBASE$	增值税税基	$\dfrac{\text{前五大客户销售额合计}}{\text{前五大客户销售额占年度销售总额比例}} - \dfrac{\text{前五大供应商采购额合计}}{\text{前五大供应商采购额占年度采购总额比例}}$
$\Delta VATBASE$	增值税税基变化率	$\Delta VATBASE_{i,t} = \ln\left(\dfrac{VATBASE_{i,t}}{VATBASE_{i,t-1}}\right)$
$BTBASE$	营业税税基	利润表"营业收入"
$\Delta BTBASE$	营业税税基变化率	$\Delta BTBASE_{i,t} = \ln\left(\dfrac{BTBASE_{i,t}}{BTBASE_{i,t-1}}\right)$
$CITBASE$	所得税税基	利润表"利润总额"
$\Delta CITBASE$	所得税税基变化率	$\Delta CITBASE_{i,t} = \ln\left(\dfrac{CITBASE_{i,t}}{CITBASE_{i,t-1}}\right)$
$DVAT$	增值税税基变化虚拟变量	当期 $VATBASE$ 相比上期下降为1,否则为0
DBT	营业税税基变化虚拟变量	当期 $BTBASE$ 相比上期下降为1,否则为0
$DCIT$	所得税税基变化虚拟变量	当期 $CITBASE$ 相比上期下降为1,否则为0

续 表

变量符号	变量名称	变量含义
TAXPAYER	纳税大户	各省年缴纳税额在前10%的上市公司
SUB	政府补助	ln(1+当期政府补助)
SD	销售收入波动率	ln(1+前五期销售收入标准差)
$TAXOVER_{i,t}$	税收超GDP增长	ln(1+该省份税收增长率)−ln(1+该省份GDP增长率)
$STICKNESS_{i,t}$	税负黏性指标	$-\hat{\beta}_1/\hat{\beta}_3$
$LAGGDP_{i,t}$	GDP滞后项	上期GDP取对数
$GDPGROW_{i,t}$	GDP增长率	$\dfrac{\text{本期GDP}}{\text{上期GDP}}-1$

相关变量的描述性统计如表4.6所示。样本公司增值税支出增长率平均为13.3%,营业税增长率约为23.0%,所得税增长率约为16.1%,所得税和营业税的增长率高于增值税。增值税税基变化约为15.4%,营业税税基变化约为14.1%,所得税税基变化约为12.9%,增值税税基变化率高于营业税税基变化率和所得税税基变化率。5 165个公司-年度观测值中,销售收入波动率约为19.7。

表4.6　　　　　　　　　变量描述性统计

变量	样本数	平均值	中位数	标准差	最小值	最大值
ΔVAT	5 165	0.133	0.111	0.615	−1.931	2.295
ΔBT	5 165	0.230	0.180	0.520	−1.176	2.311
ΔCIT	5 165	0.161	0.133	0.774	−2.172	3.306
$\Delta VATBASE$	5 165	0.154	0.138	0.721	−2.416	2.835
$\Delta BTBASE$	5 165	0.141	0.115	0.246	−0.437	1.159
$\Delta CITBASE$	5 165	0.129	0.143	0.700	−2.177	2.537
$DVAT$	5 165	0.352	0	0.478	0	1
DBT	5 165	0.243	0	0.429	0	1

续 表

变 量	样本数	平均值	中位数	标准差	最小值	最大值
DCIT	5 165	0.346	0	0.476	0	1
TAXPAYER	5 165	0.237 5	0	0.426	0	1
SUB	5 165	11.15	15.46	7.605	0	19.92
SD	5 165	19.69	19.60	1.407	16.69	23.55
TAXOVER	164	−0.013	0.013	0.093	−0.347	0.077
STICKNESS	164	1.085	0.646	5.469	−10.170	18.460
LAGGDP	164	10.480	10.510	0.539	9.378	11.420

三、实证结果分析

表 4.7 是模型(4.1)中三种税的税负黏性回归结果。第(1)列是增值税税负黏性的回归结果,其中交乘项 $DVAT \times \Delta VATBASE$ 的系数为 -0.192,在 1% 的水平上显著为负,表明公司的增值税税基增加或减少时,其增值税支出上升或下降的幅度是不对称的,当增值税税基减少时,增值税支出的下降幅度较小,即增值税税负存在黏性,支持了假说 4.1(a)。可见,虽然增值税存在可转嫁性,但是税收监管的作用仍然使其呈现黏性现象。第(2)列是营业税税负回归结果,其中 $DBT \times \Delta BTBASE$ 的系数不显著,表明营业税不存在税负黏性,与理论分析部分一致。第(3)列是所得税税负回归结果,其中 $DCIT \times \Delta CITBASE$ 的系数为 -0.324,在 1% 水平上显著为负,表明所得税存在税负黏性,与王百强等(2018)的结果一致。

表 4.7　　　　　　　　　　税负黏性回归结果

变 量	(1) ΔVAT	(2) ΔBT	(3) ΔCIT	(4) ΔCIT
$\Delta VATBASE$	0.213*** (8.854)			
DVAT	−0.068*** (−3.145)			

续　表

变　　量	(1) ΔVAT	(2) ΔBT	(3) ΔCIT	(4) ΔCIT
$DVAT \times \Delta VATBASE$	−0.192*** (−5.341)			
$\Delta BTBASE$		0.873*** (17.352)		
DBT		−0.037 (−1.567)		
$DBT \times \Delta BTBASE$		−0.143 (−1.050)		
$\Delta CITBASE$			0.728*** (23.261)	0.732*** (23.368)
$DCIT$			−0.136*** (−5.265)	−0.123*** (−4.794)
$DCIT \times \Delta CITBASE$			−0.324*** (−6.739)	−0.283*** (−5.567)
Constant	0.120 (1.350)	0.136 (1.339)	−0.068 (−0.522)	−0.068 (−0.528)
行业	控制	控制	控制	控制
年度	控制	控制	控制	控制
Observations	5 165	5 165	5 165	5 135
R^2	0.056	0.253	0.372	0.378

注：括号中为回归系数的异方差稳健 t 值；*** 表示 1% 水平显著，** 表示 5% 水平显著，* 表示 10% 水平显著。

表 4.8 是金税工程二期落实前后的回归比较，第（1）列以 1999 年至 2002 年上市公司的样本为落实前的回归样本。第（2）列以 2003 年至 2015 年的样本为落实后的回归样本。第（1）列和第（2）列中 $DVAT \times \Delta VATBASE$ 的系数均显著为负，第（2）列中的系数小于第（1）列中的系数，表明金税工程二期落实，对增值税发票的监管加强，使得公司的增值税黏性更大，支持了假说 4.2。

表 4.8　金税工程二期前后增值税税负黏性差异的回归结果

变　量	(1) ΔVAT 金税工程二期前	(2) ΔVAT 金税工程二期后
$\Delta VATBASE$	0.218*** (3.860)	0.336*** (16.137)
$DVAT$	−0.186*** (−3.558)	−0.083*** (−5.621)
$DVAT \times \Delta VATBASE$	−0.214** (−2.044)	−0.258*** (−7.808)
Constant	0.015 (0.076)	0.009 (0.131)
行业	控制	控制
年度	控制	控制
Observations	2 271	17 391
R^2	0.067 4	0.069 3

注：括号中为回归系数的异方差稳健 t 值；*** 表示 1% 水平显著，** 表示 5% 水平显著，* 表示 10% 水平显著。

表 4.9 是假说 4.3 关于纳税大户与税负黏性的回归结果。第(1)列中 $TAXPAYER \times DVAT \times \Delta VATBASE$ 的系数为 −0.324，在 1% 水平上显著，表明相比其他公司，作为纳税大户的上市公司的增值税税负黏性更大，这是因为这类公司受到的税务机关的监管更严，支持了假说 4.3。同样，第(2)列中 $TAXPAYER \times DCIT \times \Delta CITBASE$ 的系数为 −0.121，且在 5% 水平上显著，表明相比其他公司，纳税大户的上市公司的所得税税负黏性更大。第(3)列是公司营业税税负黏性的回归结果，$TAXPAYER \times DBT \times \Delta BTBASE$ 系数不显著，表明营业税本身不存在显著黏性，因此公司是否是纳税大户不会改变这一特性。

表 4.9　纳税大户与税负黏性的回归结果

变　量	(1) ΔVAT	(2) ΔCIT	(3) ΔBT
$\Delta VATBASE$	0.288*** (21.478)		

续　表

变　　量	(1) ΔVAT	(2) ΔCIT	(3) ΔBT
$DVAT$	-0.096^{***} (-6.192)		
$DVAT \times \Delta VATBASE$	-0.216^{***} (-8.698)		
$TAXPAYER$	-0.036 (-1.355)	-0.036 (-1.489)	-0.065^{***} (-3.809)
$TAXPAYER \times \Delta VATBASE$	0.288^{***} (7.283)		
$TAXPAYER \times DVAT$	0.015 (0.335)		
$TAXPAYER \times DVAT \times \Delta VATBASE$	-0.324^{***} (-4.083)		
$\Delta CITBASE$		0.723^{***} (58.090)	
$DCIT$		-0.147^{***} (-10.602)	
$DCIT \times \Delta CITBASE$		-0.220^{***} (-11.500)	
$TAXPAYER \times \Delta CITBASE$		0.150^{***} (4.157)	
$TAXPAYER \times DCIT$		0.013 (0.300)	
$TAXPAYER \times DCIT \times \Delta CITBASE$		-0.121^{**} (-2.153)	
$\Delta BTBASE$			0.927^{***} (58.799)
DBT			-0.007 (-0.609)
$DBT \times \Delta BTBASE$			-0.081^{*} (-1.932)
$TAXPAYER \times \Delta BTBASE$			0.151^{***} (3.699)
$TAXPAYER \times DBT$			-0.022 (-0.634)

续 表

变 量	(1) ΔVAT	(2) ΔCIT	(3) ΔBT
$TAXPAYER \times DBT \times \Delta BTBASE$			−0.207 (−1.540)
$Constant$	0.055 (1.288)	0.158*** (4.215)	0.182*** (6.605)
行业	控制	控制	控制
年度	控制	控制	控制
$Observations$	5 165	5 165	5 165
R^2	0.065	0.336	0.221

注：括号中为回归系数的异方差稳健 t 值；*** 表示 1% 水平显著，** 表示 5% 水平显著，* 表示 10% 水平显著。

表 4.10 是公司的政企关系以及经营风险与增值税税负黏性的回归结果。第(1)列的回归结果表明增值税税负存在黏性。第(2)列的回归结果中 $SUB \times DVAT \times \Delta VATBASE$ 的系数为 −0.009，在 5% 水平上显著为负，表明政企关系越强的公司，增值税税负的黏性越大，支持了假说 4.4(a)。第(3)列的回归结果中 $SD \times DVAT \times \Delta VATBASE$ 的系数为 0.082，在 1% 水平上显著为正，表明公司经营风险越大，其增值税税负的黏性越小，支持了假说 4.5。第(4)列的回归结果同时控制经营风险和政企关系变量，上述结果仍然成立。

表 4.10 增值税税负黏性回归结果

变 量	(1) ΔVAT	(2) ΔVAT	(3) ΔVAT	(4) ΔVAT
$\Delta VATBASE$	0.213*** (8.854)	0.132*** (3.885)	1.013*** (2.958)	1.021*** (2.998)
$DVAT$	−0.068*** (−3.145)	−0.035 (−0.887)	0.009 (0.027)	−0.020 (−0.064)
$DVAT \times \Delta VATBASE$	−0.192*** (−5.341)	−0.097* (−1.902)	−1.826*** (−3.744)	−1.832*** (−3.806)
SD			0.005 (0.578)	0.008 (0.808)

续 表

变 量	(1) ΔVAT	(2) ΔVAT	(3) ΔVAT	(4) ΔVAT
$SD \times \Delta VATBASE$			−0.041** (−2.349)	−0.046*** (−2.615)
$SD \times DVAT$			−0.004 (−0.249)	−0.001 (−0.052)
$SD \times DVAT \times \Delta VATBASE$			0.082*** (3.371)	0.089*** (3.647)
SUB		−0.005 (−1.604)		−0.004 (−1.368)
$SUB \times \Delta VATBASE$		0.008*** (2.793)		0.009*** (3.050)
$SUB \times DVAT$		−0.003 (−0.960)		−0.003 (−0.945)
$SUB \times DVAT \times \Delta VATBASE$		−0.009** (−2.124)		−0.011** (−2.566)
Constant	0.120 (1.350)	0.141 (1.581)	−0.007 (−0.036)	−0.023 (−0.112)
行业	控制	控制	控制	控制
年度	控制	控制	控制	控制
Observations	5 165	5 165	5 165	5 165
R^2	0.056	0.060	0.060	0.064

注：括号中为回归系数的异方差稳健 t 值；*** 表示 1% 水平显著，** 表示 5% 水平显著，* 表示 10% 水平显著。

表 4.11 是公司的政企关系、经营风险与营业税税负相关的回归结果。第(1)列的回归结果表明公司的营业税是不存在黏性的。第(2)列的回归结果中 $SUB \times DBT \times \Delta BTBASE$ 的系数不显著。第(3)列的回归结果中 $SD \times DBT \times \Delta BTBASE$ 的系数也不显著。在第(4)列同时控制收入波动性和政企关系时，$SD \times DBT \times \Delta BTBASE$ 的系数和 $SUB \times DBT \times \Delta BTBASE$ 的系数均不显著。也就是说，公司营业税本身不存在黏性，经营波动性和政企关系也与之无关。

表 4.11　　　　　　　　　　营业税税负黏性回归结果

变　　量	(1) ΔBT	(2) ΔBT	(3) ΔBT	(4) ΔBT
$\Delta BTBASE$	0.873*** (17.352)	0.831*** (7.603)	1.942*** (2.801)	1.954*** (2.745)
DBT	−0.037 (−1.567)	−0.098** (−1.974)	0.197 (0.610)	0.203 (0.632)
$DBT \times \Delta BTBASE$	−0.143 (−1.050)	0.037 (0.136)	0.603 (0.347)	0.262 (0.150)
SD			−0.003 (−0.339)	−0.002 (−0.201)
$SD \times \Delta BTBASE$			−0.056 (−1.591)	−0.059* (−1.679)
$SD \times DBT$			−0.012 (−0.749)	−0.016 (−0.977)
$SD \times DBT \times \Delta BTBASE$			−0.036 (−0.409)	−0.012 (−0.129)
SUB		−0.002 (−0.890)		−0.001 (−0.448)
$SUB \times \Delta BTBASE$		0.003 (0.469)		0.003 (0.432)
$SUB \times DBT$		0.005 (1.468)		0.006 (1.577)
$SUB \times DBT \times \Delta BTBASE$		−0.015 (−0.808)		−0.012 (−0.592)
Constant	0.136 (1.339)	0.157 (1.498)	0.188 (0.952)	0.184 (0.920)
行业	控制	控制	控制	控制
年度	控制	控制	控制	控制
Observations	5 165	5 165	5 165	5 165
R^2	0.253	0.254	0.255	0.256

注：括号中为回归系数的异方差稳健 t 值；*** 表示 1% 水平显著，** 表示 5% 水平显著，* 表示 10% 水平显著。

表 4.12 是地区税收增长与地方公司总税负黏性之间关系的回归结果。第(1)列中，解释变量各省上市公司的总税负黏性（STICKNESS）在 10%

的水平上显著为正,也就是说,各地公司的税负黏性与各地税收超 GDP 增长程度是正相关的。第(2)列中,控制了上期 GDP 和 GDP 增速,回归结果不变,STICKNESS 仍然在 10% 水平上显著为正,支持了假说 4.6。

表 4.12　　　　　　　　地区税收增长与公司税负黏性

变量	(1) TAXOVER	(2) TAXOVER
STICKNESS	0.002* (1.801)	0.002* (1.958)
LAGGDP	—	0.010 (0.575)
GDPGROW	—	−0.593** (−2.043)
Constant	−0.025 (−0.729)	−0.032 (−0.156)
年度	控制	控制
Observations	164	164
R^2	0.022	0.077

注:括号中为回归系数的异方差稳健 t 值;*** 表示 1% 水平显著,** 表示 5% 水平显著,* 表示 10% 水平显著。

第三节　本章小结

首先,本章结合我国税制的实际情况,分析了我国公司不同商业行为、不同会计盈余背后承担的税种种类、税负水平的差别,也就是说,税收成本与公司的盈余结构是相关的,对我国公司的税收成本有更进一步的认识。其次,本章深入分析了税负黏性这一特征,提出税制特征决定了税负与营业收入关联的程度不同,决定了不同税种黏性特征有区别。具体而言,流转税中的增值税存在税负黏性的重要概念,营业税则没有显著的黏性特征。最后,本章分析并检验了税收监管、政企关系与经营风险对流转税税负黏性的影响。我们将税负黏性定义为公司税负与税基之间的非对称关系,即税负会随着公司税基同步增长,但当公司税基下降时,税负没有同步下降。公司的增值税存在税负转嫁的能力,但税收监管依然在税负中起主导作用,使税负在税基下降的时候无法同步下降,从而产生了税负黏性。公司的经营风险虽然会减弱其税负转嫁能力,但是避税动机的增强以及税务机关的稽查难度增加带来的避税机会使公司可以选择更多的避税方式,从而减弱了增值税的税负黏性。增值税是公司一项重要的现金流出,也是政府关键的财政来源之一。从宏观角度看,对增值税加强监管会加大增值税税负黏性。从微观角度看,公司的盈余管理行为、政企关系以及面临的经营风险也是影响增值税税负黏性的因素。公司虽然能凭借良好的政企关系获得税收减免和优惠,但作为维持政企关系的成本,公司需要在政府面临税收竞争压力的时刻,迎合政府的税收目标,这就加强了增值税税负黏性。正是由于微观公司税负黏性的存在,部分公司收入下降时税负没有同步下降,宏观上表现为税收增长超过了 GDP 增长,因此本章最后检验了公司税负黏性与宏观税收超 GDP 增长之间的关系。

本章以我国 2004 年至 2015 年上市公司为样本进行了实证分析,发现:(1) 在我国以增值税为主体的税制结构下,公司的不同盈余项目所承担的税种、税负是有区别的,也就是说,管理层对不同盈余项目进行操纵,会导致不同的增值税、所得税的税收成本,影响公司的税负现金流出;(2) 上市公司增值税与所得税一样存在税负黏性,营业税不存在税负黏性;(3) 金税工程二期落实后,加强对增值税的监管,增加了公司增值税税负黏性;(4) 增值税相关盈余质量越差,公司增值税税负黏性越大,但是向上操纵增值税相关盈余,增值税税负黏性会降低;(5) 政企关系较强的公司,其增值税税负黏性相对较大;(6) 公司面临的经营不确定性较高时,增值税税负黏性显著降低;(7) 各省上市公司的税负黏性大小与各地税收超 GDP 增长的幅度正相关。

本章的研究结果具有重要的理论意义和实践意义。将公司的盈余分为与增值税相关的项目和与所得税相关的项目,为今后从税收角度探讨会计信息质量提供了重要的启示。增值税及其改革不仅会影响公司的现金流量,而且会通过影响会计信息质量,间接地影响公司价值。本章分析流转税的税负黏性特征,以及公司的经营风险和政企关系对其税负黏性的影响。国内相关的研究大多只考虑所得税税负,而流转税是我国公司税负的重要组成部分,本章考虑了我国以流转税为主的税收制度,丰富了相关文献,这为理解我国宏观层面的"税收超GDP高速增长"的经济现象提供了启示,也为我国未来的宏观税制改革,包括充分理解"营改增"的经济后果提供了参考。

第五章　公司的税收成本与经营决策

在市场经济中,公司作为独立核算的利益主体,对其自身业务进行自主经营,自负盈亏。随着公司的规模不断扩大,决策的复杂程度也不断增加,避税活动越来越受到重视。公司缴纳的各项税费是公司财务管理的重要组成部分,直接关系到公司成本的扣除以及经济利益在公司与国家之间的再分配。在遵守我国税收法律法规的前提下,公司对自身业务进行合理的税务筹划,不仅可以减少公司的税收负担,而且有助于公司在积极响应国家税收政策号召的同时根据政府导向合理安排自身经营活动。

在经营活动中,公司可通过对经营决策中采购、生产、销售环节的未来纳税义务做出合理的筹划,减少纳税负担和风险,实现自身利润及价值最大化。就增值税的税收筹划而言,一般纳税人可以从两个方面入手:一是减少当期销项税额,二是增加当期进项税额。具体做法如表5.1所示。

公司经营活动中的税收筹划会反映在会计数据上。第四章已经说明,在我国税制结构下,公司不同经营决策下的盈余结构所带来的税收成本是不同的。在中国以流转税为主体的税制结构下,具有盈余管理动机的公司需要权衡不同盈余项目背后所承担的税收成本,管理层的最优盈余管理决策是在实现盈余管理目标的同时,最小化税收成本。本章将公司的盈余区分为增值税相关的盈余和所得税相关的盈余,为了使包括增值税和所得税

表 5.1　　　　　　　　减少当期增值税缴纳额的税收筹划举例

减少当期销项税额	增加当期进项税额
① 实现销售收入时,采用特殊的结算方式,拖延入账时间,延缓税款缴纳 ② 随同货物销售的包装物,单独处理,不汇入销售收入 ③ 销售货物后的加价收入或价外补贴收入,采取措施不汇入销售收入 ④ 设法用销售过程中的回扣冲减销售收入 ⑤ 纳税人因销货退回或折让而退回的购买方的增值税税额,应从销货退回或者在发生当期的销项税额中抵扣 ……	① 在价格相同的情况下,购买具有增值税发票的货物 ② 纳税人购买货物或应税劳务,不仅向对方索要专用的增值税发票,而且向销售方取得增值税专用发票上说明的增值税税额 ③ 纳税人委托加工货物时,不仅向委托方收取增值税专用发票,而且要努力使发票上注明的增值税税额尽可能大 ④ 纳税人进口货物时,向海关收取增值税完税凭证,并注明增值税税额 ⑤ 将非应税和免税项目购进的货物和劳务与应税项目购进的货物和劳务混同购进,并获得增值税发票 ……

在内的总体税收成本最小化,公司对经营决策特别是成本结构进行调整,最终表现为盈余结构的差别,显然,这是增值税环境下催生的新的盈余管理问题。为了方便表述,后续对经营决策和盈余管理行为不做定义上的严格区分。

Zimmerman 和 Watts(1986)、Healy 和 Wahlen(1999)提出,出于契约、融资、政治管制的原因,公司会进行盈余管理。但在进行盈余管理的同时,公司管理层必须考虑信息披露相关的法律成本,还要考虑可能的税收成本。Shackelford 和 Shevlin(2001)认为所得税成本会影响公司的盈余管理水平,高额的所得税成本会削弱管理层进行盈余管理的动机。

各国的税制存在差异,但是所得税几乎在每个国家都会实行,因此已有文献对所得税成本与盈余管理的关系讨论得较为充分,主要从所得税成本如何影响盈余管理角度进行研究,例如,Balsam 等(1997)、Bartov(1993)、Dan 等(1999)、Maydew 等(1999)、Francis 和 Reiter(1987)、Klassen(1997)、Johnson 和 Dan(1988)、Hite 和 Long(1982)的研究均发现所得税成本会影响盈余管理,而 Madeo 和 Omer(1994)、Hunt 等(1996)则认为所得税成本未必会影响盈余管理。国内文献中,王跃堂等(2009)通过 2007 年企业所得税法统一并适当降低税率至 25%的事件研究了税率变化对公司盈余管理的直接影响。李增福和郑友环(2010)发现预期所得税税率将发生变化的公司会相应改变其对应计项目以及真实活动的盈余管理方式。赵景文和许育瑜(2012)进一步发现，两税合并后，所得税税率下降的公司进行了向下的应计项盈余管理，而所得税税率上升的公司既没有进行显著的应计项盈余管理，也没有进行显著的真实盈余管理。然而，已有研究没有考察增值税成本对盈余管理行为的影响。

另外，一些研究考察了盈余管理行为对所得税成本的影响。例如，Erickson等(2004)以1996年至2002年被美国证监会认定为虚增利润、财务欺诈的27家公司为样本，发现这些公司平均每虚增1美元的利润，就需要多承担12美分的公司所得税成本。王延明(2003)对1994年至2000年我国上市公司的所得税负担从规模、地区和行业的角度进行了分析。叶康涛(2006)的研究结果表明中国公司进行盈余管理的所得税成本低于美国公司，具体而言，中国公司平均每增加1元的利润，所得税支出仅增加0.012元。但是目前国内研究较少讨论公司盈余管理行为对增值税成本的影响。廖晓靖和刘念(2000)通过构建经济模型，分析了关联企业利用所得税率的差异，通过内部转让定价进行避税，减少所得税缴纳额的可能性。也有文献从政企关系角度探讨公司的税负问题，如Adhikari等(2006)、曹书军等(2009)、吴文锋等(2009)、Wu等(2012)、李维安和徐业坤(2013)检验了政府压力、政府干预程度以及公司的政治身份对公司税负及避税行为的影响。但是这些研究都没有将公司的增值税纳入研究范畴。

综上所述，以往国内外的相关研究主要分析的是公司所得税成本对盈余管理决策的影响，以及盈余管理行为引起公司所得税成本增减的经济后果，但是很少有文献将增值税纳入研究范畴。

本章在第四章对我国公司的税收成本的深入分析的基础上，以中国A股上市公司为研究样本，实证检验了增值税税收成本、所得税税收成本对公司经营决策和盈余管理行为的影响。研究结果表明：(1)当公司具有向上盈余管理的动机时，更倾向于对与增值税无直接关系的所得税项目进行盈余管理，在达到盈余管理目标的前提下，减少盈余管理带来的税收成本；(2)进一步检验结果表明，由于海外销售的增值税可以享受增值税"免、抵、退"的优惠政策,因此海外销售收入多的公司会更多地对增值税项目进行盈余管理;(3)本章检验了产权性质对盈余管理决策的影响,非国有控股上市公司避税动机更强,在进行盈余管理时更倾向于操纵税收成本更低的所得税项目;(4)公司增值税相关盈余质量越差,公司增值税税负黏性越大,但是向上操纵增值税相关盈余,增值税税负黏性越小。

与以往文献不同的是,本章结合我国以增值税为主体税制结构的实际情况,解释公司的经营决策和盈余管理行为,将公司的增值税成本纳入研究范畴,并且从税收角度剖析盈余的内部结构,将盈余项目区分为增值税项目和所得税项目,研究结果有助于更清晰地认识和分析公司的盈余管理行为及其经济后果,丰富了国内相关文献。本章研究思路对今后的研究具有一定的启示,在研究公司的会计行为时,除了考察盈余管理的水平,也可从盈余管理的内部结构这一角度进行分析。

第一节 理论分析与研究假说

一、税收成本与经营决策

第四章的研究结果表明,在我国的税制结构下,公司不同的商业行为、不同的会计盈余项目,所要缴纳的税种、承担的税负大小是有差异的,在这个前提条件下,公司在做经营决策、调整商业行为或进行盈余管理时,必然考虑不同方式对税收成本的影响。本章实证检验增值税项目盈余、所得税项目盈余的税收成本对公司经营决策、盈余管理行为的影响。

因不同项目所面临的税收成本差异,公司在做经营决策或进行盈余管理时,不仅要达到必要的盈利水平,而且要尽可能地降低整体税收成本,节约现金的流出。任何增加利润的经营行为或盈余管理都可能增加公司的税收成本。因此,以利益最大化为目标的公司就会选择税收成本最小的经营模式或盈余管理方式,不改变或者减少税收成本较高的盈余项目,这样就构成了公司经营决策中盈余管理结构的优序决策。根据前文分析,无论是真实盈余管理还是应计项的盈余管理,均可能带来额外税收成本。对增值税项目进行盈余管理,会同时增加增值税和所得税成本;对所得税项目进行盈余管理,仅增加所得税成本。因此,在相同条件下,公司更倾向于增加对所得税项目的经营决策或盈余管理。

我国证券市场自 1998 年起引入特别处理(Special Treatment,ST)制度。1998 年 3 月 16 日,中国证监会颁布《关于上市公司状况异常期间的股票特别处理方式的通知》,规定当上市公司出现财务或其他异常状况,导致投资者对该公司的前景难以判定,可能损害投资者的权益时,交易所将对其股票实施特别处理。特别处理的具体内容包括:在指定的报刊上刊登特别处理公告;处理的股票前加"ST"标记;在指定报刊中另设专栏刊登特别处理股票的每日行情;股票的报价日涨跌幅限定在 5%以内;中期报告必须经过审计。可见,被"特别处理"不仅会带来实实在在的经济成本,如增加审计成本等,而且向市场释放了财务困难、经营状况不佳或出现重大问题的"坏信号"。王震等(2002)研究发现在 ST 公告的(−40,+40)事件窗口内的累计超额收益为负值,说明投资者会对"ST"公告做出负面反应。因此,上年亏损的公司有强烈避免当年再次亏损,被带上"ST"帽子的动机。按照前文分析,这类具有强烈向上盈余管理动机的公司,或者迫切需要调整经营策略、扭亏为盈的公司,为了同时降低因此带来的额外税收成本,会更倾向于选择能够增加所得税项目的经营决策或盈余管理方式。

基于以上分析,提出假说如下:

假说 5.1:上年亏损、当年实现盈利的上市公司,更多地对所得税项目进行盈余管理。

二、税收优惠与经营决策

财政部、国家税务总局发布的《关于进一步推进出口货物实行免抵退税办法的通知》规定,自 2002 年 1 月 1 日起,生产企业自营或委托外贸企业代理出口自产货物,除另有规定外,增值税一律实行免、抵、退税管理办法和制度。免、抵、退税管理办法中的"免"税,是指对生产企业出口的自产货物,免征本企业生产销售环节增值税;"抵"税,是指生产企业出口自产货物所耗用的原材料、零部件、燃料、动力等所含应予退还的进项税额,抵顶内销货物的应纳税额;"退"税,是指生产企业出口的自产货物在当月内应抵顶的进项税额大于应纳税额时,对未抵顶完的部分予以退税。增值税出口退税的目的在于鼓励各国出口货物公平竞争,是一种退还或免征间接税的税收措施。增值税出口退税政策在国际贸易中经常被采用并为世界各国普遍接受。

公司海外销售的收入可享受增值税出口退税的优惠政策,这会改变公司经营成果的税收成本,进而影响管理层的经营决策和盈余管理决策。具体而言,由于出口部分的收入享受增值税退税政策,增加这部分盈余并不会增加增值税成本,因此有海外销售业务的公司会选择能够增加增值税项目的经营决策或盈余管理方式。

基于以上分析,提出假说如下：

假说 5.2：有海外销售业务的公司,更多地对增值税项目进行盈余管理。

三、税收敏感性与经营决策

公司对税收成本的态度会影响其经营决策中对税收因素的考虑。传统公司财务理论认为,无论是国有控股股东还是民营控股股东,都既可以按照股权比例获得投资收益,也可以获得控制权的私有收益,并不会因为控股权特征而存在差异。但与其他类型股东相比,政府作为国有企业的最终控制人,除了可以获得股权收益和控制权私利,还可以获得公司缴纳的税收。虽然政府同样可以获得民营企业缴纳的税收,但是政府难以直接通过干预民营企业的经营决策来确保税收收入；与之不同的是,在国有企业中,政府作为控股股东,可以直接干预国有企业的经营决策,从而确保其税收收入的实现。

《中央企业负责人经营业绩考核暂行办法》于 2003 年 10 月 21 日经国务院国有资产监督管理委员会审议通过,从 2004 年 1 月 1 日起执行,明确将绩效考核与央企负责人的年度经营业绩指标挂钩。年度经营业绩指标包括基本指标与分类指标。其中,基本指标包括年度利润总额和净资产收益率指标。年度利润总额是指经核定后的企业合并报表利润总额。在地方国企的业绩考核指标中也明确提出了将利税总额及其增长率作为高管薪酬的考核指标。综上所述,与只能获得税后投资收益的中小股东相比,国有控股股东并不会将公司税收视为成本,而是将其作为整体收益的组成部分。

国内文献通过实证分析也发现,国有控股公司相较于民营企业,避税的动机更弱。王跃堂等(2010)、朱凯和俞伟峰(2010)均发现,非国有企业的税收筹划更为激进,在资本结构决策中会更多地考虑债务税盾的因素,而国有控股上市公司缺乏通过债务避税的动机。肖轶伦和周倩倩(2017)发现避税对高管薪酬的影响在不同产权性质下存在差异,避税程度对非国有企业高管薪酬的影响比对国有企业高管薪酬的影响更为显著,表明相比非国有企业,国有企业的避税动机更弱。

总之,对国有控股股东而言,公司缴纳的税收只是从"左口袋"移到"右口袋",其对税收支出的敏感性相比民营控股股东要小得多。这种由产权性质引起的对税收成本的不同态度会影响公司基于税收成本考虑的经营决策,具体而言,对税收成本更敏感的非国有企业相比国有企业,会更倾向于对总税收成本较小的所得税项目进行盈余管理。

基于以上分析,提出假说如下:

假说5.3:非国有控股上市公司更倾向于对所得税项目进行盈余管理。

四、经营决策与税负黏性

第四章着重分析了增值税税负黏性特征,税务机关的监管力度会影响公司的税负黏性。当公司经营状况良好时,税基上升,税务机关应收即收;当公司的经营状况有所停滞或下滑时,税基缩小,但税务机关无论是出于"税收竞争"还是财政支出压力等原因,如果加强对公司的税收监管及稽查,就会导致公司税负难以随着税基下降同幅度下降,造成税负黏性。

在税务稽查过程中,税务机关会利用各种技术方法处理企业的财务数据、税务数据,进行稽查(陈颖和吴璇,2005;王树岭等,1997)。对此,在国家税务总局编写的《基层税源监控与管理:相城模式》和《税源监控管理及其数据应用分析》中均有介绍。会计数据是税务稽查的一个重要数据来源,税务机关会关注公司的会计盈余质量。增值税相关盈余的质量越差,越有可能招致税务机关的关注和监管,导致增值税税负黏性增加。

基于以上分析,提出假说如下:

假说 5.4(a):公司增值税相关的盈余质量越差,增值税税负黏性越大。

但是出于最大化税收收入的目标,税务机关对公司不同的盈余管理的态度可能有所不同。如前文所述,公司能够赚取更多利润的经营决策或向上进行盈余管理,无论是真实盈余管理还是应计项的盈余管理,均会带来额外税收成本,对税务机关而言,有利于其增加税收收入,因此公司向上的盈余管理未必会招致税务机关的稽查;而向下的盈余管理可能会降低税收成本,对于税务机关而言,会减少其税收收入,就可能会增加税务机关的稽查,使其加强对公司的税收监管,导致公司税负黏性增大。

基于以上分析,提出假说如下:

假说 5.4(b):公司增值税相关的向上盈余管理越多,增值税税负黏性越小。

第二节 研 究 设 计

一、税收成本与经营决策

首先需要对与增值税和所得税相关的盈余管理水平进行估计,具体方法是对模型(5.1)和模型(5.2)进行回归,估计增值税项目和所得税项目的超额应计值。其中,$TAVAT$ 为与增值税相关的应计项,$TACIT$ 为与增值税无关的应计项,$OCFVAT$ 为与增值税相关的现金流,$OCFCIT$ 为与增值税无关的现金流,回归模型(5.1)和回归模型(5.2)中的残差项为 $DAVAT$ 和 $DACIT$。残差 $DAVAT$ 是上期、本期、下期与增值税相关的现金流所无法解释的增值税相关应计项,即有可能被操纵的与增值税相关的应计项。残差 $DACIT$ 是与增值税无关的应计项中,不能由上期、本期、下期与增值税无关的现金流所解释的部分,即有可能被操纵的与增值税无关的应计项。

$$TAVAT_{i,t} = \alpha_1 + \beta_1 OCFVAT_{i,t-1} + \beta_2 OCFVAT_{i,t} + \beta_3 OCFVAT_{i,t+1} + \varepsilon_i \quad (5.1)$$

$$TACIT_{i,t} = \alpha'_1 + \beta'_1 OCFCIT_{i,t-1} + \beta'_2 OCFCIT_{i,t+1} + \beta'_3 OCFCIT_{i,t+1} + \varepsilon'_i \quad (5.2)$$

为了检验公司的盈余管理结构的啄序选择假说，借鉴 Roychowdhury(2006)的研究方法，建立以下回归模型：

$$\begin{aligned}
DAVAT_{i,t} = {} & a_1 + b_1 ST_{i,t} + b_2 SIZE_{i,t} + b_3 LEV_{i,t} + b_4 TQ_{i,t} \\
& + b_5 GROWTH_{i,t} + b_6 SALE_{i,t-1} + b_7 DAVAT_{i,t-1} \\
& + b_8 VATNUM_{i,t-1} + \sum Year + \sum Industry + \delta_i
\end{aligned} \quad (5.3)$$

$$\begin{aligned}
DACIT_{i,t} = {} & a_1 + d_1 ST_{i,t} + d_2 SIZE_{i,t} + d_3 LEV_{i,t} + d_4 TQ_{i,t} \\
& + d_5 GROWTH_{i,t} + d_6 SALE_{i,t-1} + d_7 DACIT_{i,t-1} \\
& + d_8 CITNUM_{i,t-1} + \sum Year + \sum Industry + \delta_i
\end{aligned} \quad (5.4)$$

回归模型(5.3)中的被解释变量 $DAVAT_{i,t}$ 是增值税项目的超额应计值，表示增值税项目的盈余管理程度；回归模型(5.4)中的被解释变量 $DACIT_{i,t}$ 是所得税项目的超额应计值，表示所得税项目的盈余管理程度。回归模型(5.3)和回归模型(5.4)中的主要解释变量为 ST，代表 $t-2$ 期盈利并且 $t-1$ 期亏损的上市公司，这些上市公司，如果 t 期再亏损，则会被带上"ST"帽子；相反，如果 t 期盈利，则可避免被特殊处理。变量 ST 是虚拟变量，如果公司在 t 期盈利，则为 1，反之则为 0。当 ST 取值为 1 时，代表公司当期很有可能进行了向上盈余管理以避免亏损被标记为"ST"。如前所述，上市公司既要达到盈余管理的目标，又要考虑降低由此带来的税收成本，应当优先选择对所得税项目进行盈余操纵，其次选择对增值税项目进行盈余操纵，即预期系数 d_1 应当显著大于 b_1。

在盈余管理结构决策模型的控制变量方面，以 Roychowdhury(2006)的研究模型为基础，选择了公司资产($SIZE$)、有息负债比例(LEV)、成长性托宾 Q(TQ)、上期销售规模($SALE$)、销售增长率($GROWTH$)、上期增值税项目盈余管理程度（$DACIT_{i,t-1}$）以及公司适用的增值税税率个数（$VATNUM$），分别控制股权性质、规模效应、负债的税盾效应以及公司成长性对盈余管理决策的影响。

二、税收优惠与经营决策

回归模型(5.5)和回归模型(5.6)的 OVER 是海外销售收入占总收入的比例并以年度行业中位数进行调整后的连续变量。根据前文分析,有海外销售的上市公司会更倾向于加强对增值税项目的盈余管理,因此模型(5.5)中的系数 b_1 应当显著大于模型(5.6)中的系数 d_1。

$$\begin{aligned} DAVAT_{i,t} = & a_1 + b_1 OVER_{i,t} + b_2 SIZE_{i,t} + b_3 LEV_{i,t} + b_4 TQ_{i,t} \\ & + b_5 GROWTH_{i,t} + b_6 SALE_{i,t-1} + b_7 DAVAT_{i,t-1} \\ & + b_8 VATNUM_{i,t-1} + \sum Year + \sum Industry + \delta_i \end{aligned} \quad (5.5)$$

$$\begin{aligned} DACIT_{i,t} = & a_1 + d_1 OVER_{i,t} + d_2 SIZE_{i,t} + d_3 LEV_{i,t} + d_4 TQ_{i,t} \\ & + d_5 GROWTH_{i,t} + d_6 SALE_{i,t-1} + d_7 DACIT_{i,t-1} \\ & + d_8 CITNUM_{i,t-1} + \sum Year + \sum Industry + \delta_i \end{aligned} \quad (5.6)$$

三、税收敏感性与经营决策

回归模型(5.7)和回归模型(5.8)的 PRVT 是虚拟变量,如果公司是非国有股东控股,则为 1;如果公司是国有控股,则取 0。根据前文分析,非国有控股公司会更倾向于加强对所得税项目的盈余管理,因此模型(5.7)中的系数 b_1 应当显著小于模型(5.8)中的系数 d_1。

$$\begin{aligned} DAVAT_{i,t} = & a_1 + b_1 PRVT_{i,t} + b_2 SIZE_{i,t} + b_3 LEV_{i,t} + b_4 TQ_{i,t} \\ & + b_5 GROWTH_{i,t} + b_6 SALE_{i,t-1} + b_7 DAVAT_{i,t-1} \\ & + b_8 VATNUM_{i,t-1} + \sum Year + \sum Industry + \delta_i \end{aligned} \quad (5.7)$$

$$\begin{aligned} DACIT_{i,t} = & a_1 + d_1 PRVT_{i,t} + d_2 SIZE_{i,t} + d_3 LEV_{i,t} + d_4 TQ_{i,t} \\ & + d_5 GROWTH_{i,t} + d_6 SALE_{i,t-1} + d_7 DACIT_{i,t-1} \\ & + d_8 CITNUM_{i,t-1} + \sum Year + \sum Industry + \delta_i \end{aligned} \quad (5.8)$$

四、经营决策与税收黏性

为检验假说 5.4 盈余管理与公司税负黏性的关系,在第四章税负黏性模型(4.2)的基础上,分别添加增值税相关盈余的操纵程度(DAVAT)以及其绝对值($ABSDAVAT$)、税基变化率($\Delta VATBASE_{i,t}$)和变化虚拟变量($DVAT_{i,t}$)的交乘项。具体模型如下：

$$\begin{aligned}\Delta VAT_{i,t} = {} & \beta_0 + \beta_1 \Delta VATBASE_{i,t} + \beta_2 DVAT_{i,t} + \beta_3 DVAT_{i,t} \times \Delta VATBASE_{i,t} \\ & + \beta_4 DAVAT_{i,t} + \beta_5 DAVAT_{i,t} \times \Delta VATBASE_{i,t} + \beta_6 DAVAT_{i,t} \\ & \times DVAT_{i,t} + \beta_7 DAVAT_{i,t} \times DVAT_{i,t} \times \Delta VATBASE_{i,t} \\ & + \sum Year + \sum Industry + \varepsilon_{i,t}\end{aligned} \quad (5.9)$$

$$\begin{aligned}\Delta VAT_{i,t} = {} & \beta_0 + \beta_1 \Delta VATBASE_{i,t} + \beta_2 DVAT_{i,t} + \beta_3 DVAT_{i,t} \times \Delta VATBASE_{i,t} \\ & + \beta_4 ABSDAVAT_{i,t} + \beta_5 ABSDAVAT_{i,t} \times \Delta VATBASE_{i,t} \\ & + \beta_6 ABSDAVAT_{i,t} \times DVAT_{i,t} + \beta_7 ABS DAVAT_{i,t} \times DVAT_{i,t} \\ & \times \Delta VATBASE_{i,t} + \sum Year + \sum Industry + \varepsilon_{i,t}\end{aligned} \quad (5.10)$$

五、变量定义

表 5.2 列示了研究设计中所需要的各个变量的定义和具体计算方法。

表 5.2　　　　　　　　　回归模型的变量定义

变量	定　　义
TAVAT	增值税应计项＝与增值税相关的盈余－与增值税相关的现金流 其中：与增值税相关的盈余＝营业收入－[营业成本＋（本期存货净额－上期末存货净额）＋其他业务成本－支付给职工以及为职工支付的现金－固定资产折旧、油气资产折耗、生产性生物资产折旧] 与增值税相关的现金流＝销售商品、提供劳务收到的现金－购买商品、接受劳务支付的现金 以上变量均除以平均总资产进行标准化
TACIT	所得税应计项＝$\dfrac{\text{总应计项}-\text{增值税应计项}}{\text{平均总资产}}$
OCFVAT	与增值税相关的现金流＝$\dfrac{\text{销售商品、提供劳务收到的现金}-\text{购买商品、接受劳务支付的现金}}{\text{平均总资产}}$
OCFCIT	与所得税相关的现金流＝$\dfrac{\text{经营活动产生的现金流量净额}-(\text{销售商品、提供劳务收到的现金}-\text{购买商品、接受劳务支付的现金})}{\text{平均总资产}}$
DAVAT	根据模型(5.2)估计的 TAVAT 残差

续 表

变 量	定 义
DACIT	根据模型(5.3)估计的 TACIT 残差
PROFIT	净利润÷营业收入
VATPROFIT	与增值税相关的盈余÷营业收入
NVATPROFIT	与增值税无关的盈余÷营业收入,即 $\frac{营业利润-与增值税相关的盈余}{营业收入}$
ST	虚拟变量,$t-2$ 期盈利,$t-1$ 期亏损,且 t 期盈利的上市公司为1,否则为0
OVER	海外销售收入占总收入比例,并以年度行业中位数进行调整
PRVT	虚拟变量,民营控股公司为1,否则为0
LEV	负债率 $=\frac{短期借款+长期借款+应付债券}{平均总资产}$
SIZE	公司平均总资产的自然对数
GROWTH	公司销售收入的增长率
VATNUM	公司适用的增值税税率的个数
CITNUM	公司适用的所得税税率的个数

第三节 实证结果与分析

一、描述性统计

本节选取了 2002 年至 2015 年非金融行业的上市公司作为研究对象,剔除了股东权益账面价值为负数的样本以及缺失关键变量的观测值。首先估计变量 DAVAT 和 DACIT,模型(5.1)和模型(5.2)中的变量按照年度-行业分组后,若观测值少于 30,则予以剔除,最终观测值为 6 966。样本公司的各项财务指标取自 CSMAR 的财务数据库,将所有指标按上下 1% 分位数进行 Winsorize,以控制极端值的影响。表 5.3 列示主要变量的描述性统计结果。

表 5.3　　　　　　　　　主要变量的描述性统计

变　量	样　本	平均值	标准差	最小值	中位数	最大数
DAVAT	6 966	−0.000 3	0.078 4	−0.252 2	−0.002 2	0.219 3
DACIT	6 966	−0.001 9	0.097 4	−0.295 0	−0.004 0	0.342 6
ST	6 966	0.479 79	0.213 7	0	0	1
OVER	6 966	0.064 2	0.172 6	−0.190 4	0	0.762 6
PRVT	6 966	0.423 6	0.494 2	0	0	1
LAGSALE	6 966	21.163 8	1.502 5	12.327 2	21.125 1	28.688 9
TQ	6 966	2.051 5	1.224 9	0.909 0	1.646 3	7.229 8
SIZE	6 966	21.834 5	1.220 4	19.126 9	21.705 7	25.134 2
LEV	6 966	0.216 5	0.170 1	0	0.198 8	0.686 1
GROWTH	6 966	0.196 5	0.556 6	−0.710 9	0.111 3	3.936 0
VATNUM	6 966	1.661 2	0.958 2	1	1	7
CITNUM	6 966	1.564 7	0.919 3	1	1	10

在表 5.3 中,$DAVAT$、$DACIT$ 分别代表增值税项目和所得税项目的盈余管理程度,其取值为模型(5.2)和模型(5.3)的残差项,因此其均值接近 0;海外销售 $OVER$ 的均值为 0.064 2,非国有控股权 $PRVT$ 的均值为 0.423 6,约 42%的上市公司为非国有控股。$VATNUM$ 和 $CITNUM$ 的中位数为 1,即至少半数的样本没有多重税率。

二、税收成本与经营决策

表 5.4 检验了存在扭亏为盈以避免被标记为"ST"的上市公司的经营决策或盈余管理决策。变量 ST 代表在 $t-2$ 期实现盈利,$t-1$ 期亏损,在 t 期实现盈利,成功避免带上"ST"帽子的公司。比较变量 ST 在模型(5.3)和模型(5.4)中的系数的大小及其差异是否显著,发现 ST 的系数在以 $DACIT$

为被解释变量的模型(5.4)中的值要显著大于在以 $DAVAT$ 为被解释变量的模型(5.3)中的值,表明公司当期调整经营决策或进行向上盈余管理以避免被特殊处理时,公司高管会倾向于选择能够增加所得税项目盈余的经营决策或盈余管理方式,尽可能减少税收成本,在达到盈余目标的同时,减少税收的现金流出,节约现金。实证结果支持假说5.1。

表5.4 税收成本与经营决策:回归结果

变量	(1) $DAVAT$	(2) $DACIT$
ST	0.009 7** (2.29)	0.016 1*** (2.73)
$VATNUM$	0.001 8* (1.70)	
$LAGDAVAT$	0.260 6*** (15.52)	
$LAGSALE$	0.014 4*** (9.27)	−0.014 3*** (−6.58)
TQ	0.001 9* (1.95)	0.001 4 (1.06)
$SIZE$	−0.020 8*** (−10.78)	0.022 4*** (8.49)
LEV	−0.012 0* (−1.85)	−0.006 3 (−0.72)
$GROWTH$	0.014 5*** (4.78)	−0.002 7 (−0.67)
$CITNUM$		−0.000 8 (−0.64)
$LAGDACIT$		0.305 4*** (17.45)
$Constant$	0.143 3*** (6.18)	−0.186 9*** (−6.65)
行业	控制	控制
年度	控制	控制
$Observations$	6 966	6 966

续 表

变量	(1) DAVAT	(2) DACIT
Adjusted R^2	0.104	0.121
F	17.47	17.62

检验第(1)列和第(2)列中 ST 的系数是否存在显著差异：$chi2(1)=33.29$
$Prob>chi2=0.0000$

注：括号中为回归系数的异方差稳健 t 值；*** 表示 1% 水平显著，** 表示 5% 水平显著，* 表示 10% 水平显著。

三、税收优惠与经营决策

表 5.5 检验可以享受增值税"免、抵、退"优惠政策的海外销售是否会影响公司的经营决策。从回归结果上看，第(1)列的被解释变量为 DAVAT，OVER 回归系数为正，且在 1% 的水平上显著，值为 0.034 0；第(2)列被解释变量为 DACIT，OVER 回归系数为 -0.037 3，且在 1% 的水平上显著。实证结果表明，海外销售收入占比高的上市公司，更愿意操纵增值税项目，并且对所得税项目的盈余管理具有替代效应，会减少所得税项目的盈余管理，实证结果与假说 5.2 一致。

表 5.5　　　　　　　　　税收优惠与经营决策：回归结果

变量	(1) DAVAT	(2) DACIT
OVER	0.034 0*** (6.23)	-0.037 3*** (-5.98)
VATNUM	0.002 0* (1.96)	
LAGDAVAT	0.250 9*** (14.83)	
LAGSALE	0.014 0*** (8.97)	-0.014 2*** (-6.53)
TQ	0.002 1** (2.11)	0.001 1 (0.86)

续　表

变　　量	(1) DAVAT	(2) DACIT
SIZE	−0.020 7*** (−10.71)	0.022 1*** (8.38)
LEV	−0.011 0* (−1.72)	−0.004 1 (−0.47)
GROWTH	0.014 5*** (4.78)	−0.001 7 (−0.42)
CITNUM		−0.000 6 (−0.49)
LAGDACIT		0.293 4*** (16.82)
Constant	0.153 3*** (6.16)	−0.187 4*** (−6.16)
行业	控制	控制
年度	控制	控制
Observations	6 963	6 963
Adjusted R^2	0.109	0.124
F	19.28	19.18

检验第(1)列和第(2)列中 OVER 的系数是否存在显著差异：$chi2(1)=30.98$
$Prob>chi2=0.000\ 0$

注：括号中为回归系数的异方差稳健 t 值；*** 表示 1% 水平显著，** 表示 5% 水平显著，* 表示 10% 水平显著。

四、税收敏感性与经营决策

表 5.6 检验不同产权性质的公司对经营决策的影响。从回归结果来看，第(1)列的被解释变量为 DAVAT，PRVT 回归系数为负,但不显著,值为 −0.002 1;第(2)列被解释变量为 DACIT，PRVT 回归系数为 0.007 4,且在 1% 的水平上显著。实证结果表明,避税动机较强的非国有控股上市公司更倾向于对税收成本低的所得税项目进行盈余管理,实证结果与假说 5.3 一致。

表 5.6　　　　　　　税收敏感性与经营决策：回归结果

变　量	(1) DAVAT	(2) DACIT
PRVT	−0.002 1 (−1.01)	0.007 4*** (2.93)
VATNUM	0.001 7* (1.66)	
LAGDAVAT	0.260 0*** (15.48)	
LAGSALE	0.014 2*** (9.11)	−0.014 1*** (−6.50)
TQ	0.002 0** (1.98)	0.001 2 (0.90)
SIZE	−0.021 0*** (−10.87)	0.022 8*** (8.60)
LEV	−0.010 5 (−1.63)	−0.005 1 (−0.59)
GROWTH	0.014 8*** (4.89)	−0.002 0 (−0.50)
CITNUM		−0.001 1 (−0.88)
LAGDACIT		0.297 2*** (17.10)
Constant	0.152 3*** (6.51)	−0.198 7*** (−6.92)
行业	控制	控制
年度	控制	控制
Observations	6 966	6 966
Adjusted R^2	0.104	0.120
F	17.38	17.81

检验第(1)列和第(2)列中 PRVT 的系数是否存在显著差异：$chi2(1)=4.42$
　　　　　　　　　　　　　　　　　　　$Prob>chi2=0.035\ 6$

注：括号中为回归系数的异方差稳健 t 值；*** 表示 1% 水平显著，** 表示 5% 水平显著，* 表示 10% 水平显著。

表 5.7 是稳健性检验，将变量是否避免带上"ST"标志(ST)、海外销售占总收入比重(OVER)以及控股权性质(PRVT)同时放入回归方程。从回归结果来看，这三个主要解释变量的符号和显著性与前文一致。

表 5.7　稳健性检验

变　量	(1) DAVAT	(2) DACIT
ST	0.009 5 ** (2.25)	0.016 1 *** (2.74)
OVER	0.034 2 *** (6.23)	−0.037 9 *** (−6.06)
PRVT	−0.002 4 (−1.17)	0.008 1 *** (3.22)
VATNUM	0.002 0 ** (1.97)	
LAGDAVAT	0.251 3 *** (14.86)	
LAGSALE	0.013 9 *** (8.89)	−0.013 4 *** (−6.15)
TQ	0.002 2 ** (2.17)	0.001 0 (0.73)
SIZE	−0.020 7 *** (−10.69)	0.022 4 *** (8.46)
LEV	−0.012 1 * (−1.87)	−0.006 9 (−0.79)
GROWTH	0.014 2 *** (4.69)	−0.002 4 (−0.59)
CITNUM		−0.000 7 (−0.57)
LAGDACIT		0.296 6 *** (16.79)
Constant	0.154 9 *** (6.17)	−0.212 2 *** (−6.87)
行业	控制	控制
年度	控制	控制

续　表

变　量	(1) $DAVAT$	(2) $DACIT$
$Observations$	6 963	6 963
$Adjusted\ R^2$	0.110	0.127
F	18.20	18.63

注：括号中为回归系数的异方差稳健 t 值；*** 表示 1% 水平显著，** 表示 5% 水平显著，* 表示 10% 水平显著。

五、经营决策与税负黏性

表 5.8 是公司的操纵性应计（DA）及其绝对值（$ABSDA$）与增值税税负黏性的关系，表 5.9 是公司的操纵性应计（DA）及其绝对值（$ABSDA$）与企业所得税税负黏性的关系。从表 5.8 的回归结果来看，无论是公司的总操纵性应计还是其绝对值，均不会显著改变公司的增值税税负黏性。从表 5.9 的回归结果来看，$DA \times DCIT \times \Delta CITBASE$ 的系数显著为正，而 $ABSDA \times DCIT \times \Delta CITBASE$ 的系数显著为负，表明向上盈余操纵并不会增加企业所得税税负黏性，而盈余质量较差会招致税务机关的稽查，加大了企业所得税税负黏性。

表 5.8　　　　　公司盈余管理与增值税税负黏性的回归结果

变　量	(1) ΔVAT	(2) ΔVAT
$\Delta VATBASE$	0.289*** (20.879)	0.227*** (11.949)
$DVAT$	−0.103*** (−6.393)	−0.121*** (−5.283)
$DVAT \times \Delta VATBASE$	−0.229*** (−8.703)	−0.187*** (−5.006)
DA	−0.354 (−1.439)	
$DA \times \Delta VATBASE$	0.771** (2.473)	

续　表

变　量	(1) ΔVAT	(2) ΔVAT
$DA \times DVAT$	0.175 (0.412)	
$DA \times DVAT \times \Delta VATBASE$	0.439 (0.683)	
$ABSDA$		−0.557 (−1.591)
$ABSDA \times \Delta VATBASE$		2.122*** (4.921)
$ABSDA \times DVAT$		0.661 (1.096)
$ABSDA \times DVAT \times \Delta VATBASE$		−0.879 (−0.956)
$Constant$	0.094** (2.072)	0.111** (2.389)
行业	控制	控制
年度	控制	控制
$Observations$	5 165	5 165
R^2	0.059	0.060

注：括号中为回归系数的异方差稳健 t 值；*** 表示 1% 水平显著，** 表示 5% 水平显著，* 表示 10% 水平显著。

表 5.9　　公司盈余管理与企业所得税税负黏性的回归结果

变　量	(1) ΔCIT	(2) ΔCIT
$\Delta CITBASE$	0.742*** (55.730)	0.704*** (39.161)
$DCIT$	−0.132*** (−9.015)	−0.148*** (−6.982)
$DCIT \times \Delta CITBASE$	−0.191*** (−9.706)	−0.154*** (−5.499)
DA	−0.611*** (−2.741)	

续表

变量	(1) ΔCIT	(2) ΔCIT
$DA \times \Delta CITBASE$	0.092 (0.393)	
$DA \times DCIT$	-1.076^{***} (-2.673)	
$DA \times DCIT \times \Delta CITBASE$	0.823^{*} (1.775)	
$ABSDA$		-0.669^{**} (-2.113)
$ABSDA \times \Delta CITBASE$		1.001^{***} (3.156)
$ABSDA \times DCIT$		-0.106 (-0.181)
$ABSDA \times DCIT \times \Delta CITBASE$		-1.658^{**} (-2.472)
$Constant$	0.220^{***} (5.460)	0.229^{***} (5.533)
行业	控制	控制
年度	控制	控制
$Observations$	5 165	5 165
R^2	0.343	0.340

注：括号中为回归系数的异方差稳健 t 值；*** 表示 1% 水平显著，** 表示 5% 水平显著，* 表示 10% 水平显著。

表 5.10 是公司的增值税项目的操纵应计项（$DAVAT$）及其绝对值（$ABSDAVAT$）与增值税税负黏性的关系，$DAVAT \times DVAT \times \Delta VATBASE$ 的系数为 0.967，在 1% 水平上显著为正，表明向上对增值税项目进行盈余管理增强，增值税税负黏性减弱，税务机关出于最大化税收收入的考虑，并不会对公司向上盈余管理的行为加强税务稽查。$ABSDAVAT \times DVAT \times \Delta VATBASE$ 的系数为 -1.682，在 1% 水平上显著为负，表明公司增值税项目的盈余质量较差会招致税务稽查，增强了增值税税负黏性，支持了假说 5.4(a) 和假说 5.4(b)。

表 5.10　　　公司增值税项目盈余管理与增值税税负黏性的回归结果

变　量	(1) ΔVAT	(2) ΔVAT
$\Delta VATBASE$	0.262*** (13.925)	0.199*** (7.593)
$DVAT$	−0.142*** (−6.106)	−0.107*** (−3.702)
$DVAT \times \Delta VATBASE$	−0.167*** (−4.184)	−0.073 (−1.543)
$DAVAT$	0.606*** (4.104)	
$DAVAT \times \Delta VATBASE$	−0.853*** (−6.254)	
$DAVAT \times DVAT$	0.400 (1.535)	
$DAVAT \times DVAT \times \Delta VATBASE$	0.967*** (3.022)	
$ABSDAVAT$		0.213 (0.843)
$ABSDAVAT \times \Delta VATBASE$		0.867*** (3.276)
$ABSDAVAT \times DVAT$		−0.059 (−0.137)
$ABSDAVAT \times DVAT \times \Delta VATBASE$		−1.682*** (−3.106)
Constant	−0.013 (−0.107)	−0.004 (−0.032)
行业	控制	控制
年度	控制	控制
Observations	5 165	5 165
R^2	0.060	0.057

注：括号中为回归系数的异方差稳健 t 值；*** 表示 1% 水平显著，** 表示 5% 水平显著，* 表示 10% 水平显著。

表 5.11 是公司的所得税项目的操纵应计项（$DACIT$）及其绝对值（$ABSDACIT$）与企业所得税税负黏性的关系，$DACIT \times DCIT \times$

$\Delta CITBASE$ 的系数为 0.490,在 10% 水平上显著为正,表明向上对所得税项目进行盈余管理增强,所得税税负黏性减弱,税务机关出于最大化税收收入的考虑,并不会对公司向上盈余管理的行为加强税务稽查。$ABSDACIT \times DCIT \times \Delta CITBASE$ 的系数为 -0.620,在 10% 水平上显著为负,表明公司所得税项目的盈余质量较差会招致税务稽查,增强了所得税税负黏性。

表 5.11　公司所得税项目盈余管理与所得税税负黏性的回归结果

变量	(1) ΔCIT	(2) ΔCIT
$\Delta CITBASE$	0.726*** (40.950)	0.627*** (25.977)
$DCIT$	-0.149*** (-7.472)	-0.203*** (-7.480)
$DCIT \times \Delta CITBASE$	-0.184*** (-6.755)	-0.113*** (-3.078)
$DACIT$	-0.076 (-0.599)	
$DACIT \times \Delta CITBASE$	0.246* (1.860)	
$DACIT \times DCIT$	-0.035 (-0.153)	
$DACIT \times DCIT \times \Delta CITBASE$	0.490* (1.896)	
$ABSDACIT$		-0.263 (-1.513)
$ABSDACIT \times \Delta CITBASE$		1.023*** (5.679)
$ABSDACIT \times DCIT$		0.692** (2.240)
$ABSDACIT \times DCIT \times \Delta CITBASE$		-0.620* (-1.781)
Constant	0.493*** (4.293)	0.525*** (4.546)
行业	控制	控制
年度	控制	控制

续表

变　量	(1) ΔCIT	(2) ΔCIT
Observations	5 165	5 165
R^2	0.341	0.342

注：括号中为回归系数的异方差稳健 t 值；*** 表示 1% 水平显著，** 表示 5% 水平显著，* 表示 10% 水平显著。

从表 5.12 可以看出，$DAVAT \times DCIT \times \Delta CITBASE$ 的系数为 0.873，在 1% 水平上显著为正，$ABSDAVAT \times DCIT \times \Delta CITBASE$ 的系数为 -1.190，在 5% 水平上显著为负，表明公司对增值税项目的盈余管理会影响所得税税负黏性。如前文所述，增值税项目主要涉及收入与采购成本，这些项目也会影响最终的所得税应纳税额，而所得税项目主要涉及扣除增值税项目后的盈余项目，对增值税缴纳额影响较小，因此 $DACIT \times DVAT \times \Delta VATBASE$ 和 $ABSDACIT \times DVAT \times \Delta VATBASE$ 的系数均不显著。

表 5.12　公司增值税、所得税项目盈余管理与所得税、增值税税负黏性回归结果

变　量	(1) ΔCIT	(2) ΔCIT	(3) ΔVAT	(4) ΔVAT
$\Delta CITBASE$	0.281*** (15.132)	0.215*** (8.330)		
$DCIT$	-0.115*** (-5.061)	-0.107*** (-3.686)		
$DCIT \times \Delta CITBASE$	-0.220*** (-6.546)	-0.105** (-2.240)		
$DAVAT$	-0.276** (-2.093)			
$DAVAT \times \Delta CITBASE$	0.730*** (6.106)			
$DAVAT \times DCIT$	-0.090 (-0.381)			
$DAVAT \times DCIT \times \Delta CITBASE$	0.873*** (3.178)			

续　表

变　量	(1) ΔCIT	(2) ΔCIT	(3) ΔVAT	(4) ΔVAT
$ABSDAVAT$		0.043 (0.198)		
$ABSDAVAT \times \Delta CITBASE$		0.689*** (2.861)		
$ABSDAVAT \times DCIT$		−0.022 (−0.060)		
$ABSDAVAT \times DCIT \times \Delta CITBASE$		−1.190** (−2.549)		
$\Delta VATBASE$			0.731*** (41.559)	0.656*** (27.237)
$DVAT$			−0.152*** (−7.368)	−0.172*** (−6.275)
$DVAT \times \Delta VATBASE$			−0.173*** (−6.137)	−0.137*** (−3.705)
$DACIT$			0.205* (1.717)	
$DACIT \times \Delta VATBASE$			−0.620*** (−5.063)	
$DACIT \times DVAT$			−0.109 (−0.525)	
$DACIT \times DVAT \times \Delta VATBASE$			0.090 (0.352)	
$ABSDACIT$				−0.225 (−1.064)
$ABSDACIT \times \Delta VATBASE$				0.963*** (4.222)
$ABSDACIT \times DVAT$				0.270 (0.765)
$ABSDACIT \times DVAT \times \Delta VATBASE$				−0.593 (−1.420)
Constant	−0.020 (−0.164)	0.019 (0.155)	0.485*** (4.228)	0.509*** (4.411)
行业	控制	控制	控制	控制

续　表

变　　量	(1) ΔCIT	(2) ΔCIT	(3) ΔVAT	(4) ΔVAT
年度	控制	控制	控制	控制
Observations	5 165	5 165	5 165	5 165
R^2	0.058	0.055	0.342	0.340

注：括号中为回归系数的异方差稳健 t 值；*** 表示1％水平显著，** 表示5％水平显著，* 表示10％水平显著。

第四节　本章小结

　　本章检验了中国特定税制环境下，盈余管理的税收成本对公司的经营决策及盈余管理决策的影响。由于美国不实行增值税制度，因此国外相关文献主要探讨的是盈余管理与所得税成本之间的关系。国内研究在借鉴国外研究框架时，忽略了中国与美国在税制上的重要区别，即中国的税制结构是以增值税和企业所得税为双主体的。中国公司的经营决策和盈余结构的背后隐含着不同的税收成本。在这种情况下，具有盈余管理动机的公司会选择税收成本最低的盈余管理结构，即公司的盈余管理结构的啄序决策。

　　在第四章证明的不同经营决策下的盈余组成部分背后所需缴纳的税种、承担的税负不同的基础上，本章估计了公司整体盈余管理水平及其结构，并将其区分为与增值税直接相关的超额应计项和与增值税无直接关系的超额应计项；检验了公司存在扭亏为盈以避免带上"ST"帽子的动机时，会倾向于选择能增加与增值税无直接关系的所得税项目的经营决策或盈余管理方式，在达到盈余管理目标的前提下，减少盈余管理带来的税收成本。检验结果进一步表明，由于海外销售的增值税可以享受增值税"免、抵、退"的优惠政策，因此海外销售收入多的公司会更多地对增值税项目进行盈余管理。本章检验了产权性质对盈余管理决策的影响，非国有控股上市公司避税动机更强，在进行盈余管理时，更倾向于操纵税收成本更低的所得税项目。最后，实证结果发现公司增值税相关盈余质量越差，公司增值税税负黏性越大；但是向上操纵增值税相关盈余，增值税税负黏性越小。

　　本章的研究结果对于我国的税制改革和公司会计信息披露具有一定的政策启示。首先，税收制度的改变不仅会影响国民经济的发展和国家的财政税收状况，而且会影响公司会计信息质量和资本市场的资源配置效率。无论是税收制度的改革还是对特定税种的细节调整，都可能会改变公司盈余管理决策及税收成本，因此从宏观层面制定税收政策时，还需要考虑、预测微观层面公司的行为，从而保证税收政策的落实及达到预想的经济效果。其次，本章将公司的盈余分为与增值税相关的项目和与所得税相关的项目，为今后从税收角度探讨会计信息质量提供了重要的启示，增值税及其改革不仅会影响公司的现金流量，而且会通过影响会计信息质量，间接地影响公司价值。因此，综合分析增值税及其改革对公司价值的全面影响是政策制定过程中需要考虑和分析的问题。最后，本章的研究结果对增值税会计信息的披露规定具有一定的启示。由于增值税不能作为费用进入利润表，导致报表使用者无法确知增值税对当期损益的影响，因此增值税信息的披露是否有利于提高公司信息披露透明度与资本市场的健康发展，值得准则制定者进一步探讨。

第六章　增值税与公司投资决策

本章探讨了预期税负(管理层根据以往经验判断的未来税收负担)对公司投资决策的影响,区分增值税和所得税对投资决策的影响,进一步,以我国股权结构的特殊性为基础,将税收收益作为国有股权的私有收益,检验预期税负对不同产权性质的公司的投资决策的影响。

美国经济学家阿瑟 B. 拉弗(Arthur B. Laffer)于 1974 年在美国滞涨危机下提出了拉弗曲线,该曲线描绘了政府税收收入与税率之间的关系。拉弗曲线是一条开口向下的抛物线,横轴为税率,纵轴为税收收入,核心内容是税率和税收收入之间的"倒 U 形"关系。通常而言,提高税率能增加财政税收收入,但过高的税率会增加公司的经营成本,公司会缺乏投资的动力,最终税收会随着税基的下降而减少。拉弗曲线被提出后,许多经济学家对其进行了实证检验。基于税收收入和经济增长的宏观数据的计量分析结果表明,拉弗曲线是成立的(Blinder, 1981;Fullerton 等,1981;马拴友,2002)。对于微观层面的税收如何影响公司的投资行为也有较多研究。Auerbach(1986)、Summers(1981)、Cutler(2001)以所得税为基础,重点分析美国所得税改革对公司投资的影响。国内研究中,李华和宋常(2013)、汪彤彤(2017)均讨论了我国所得税与公司投资之间的关系。关于增值税对投资的影响,国内许多研究利用 2009 年我国增值税转型这一重要税制改革作为

"自然实验",探讨增值税与投资之间的关系(陈烨等,2010;聂辉华等,2009;万华林等,2012)。本章首先检验公司的预期税负是否会抑制公司的投资支出,从微观角度检验了拉弗曲线;随后进一步区分增值税和所得税对公司投资决策的影响。

现有的文献发现,国有企业效率低于民营企业,而且类似现象也存在于股票市场中(吴延兵,2012;姚洋和章奇,2001)。针对此现象,目前存在两个主要观点:产权观点和政策性负担观点。产权观点认为,国有产权的不清晰是国有企业效率低下的主要原因(Zhang,1997);政策性负担观点认为,国有企业承担了过多的社会责任,缺少合理的市场评价指标,导致国有企业看似效率低下(Lin等,1998)。本章发现国有企业做投资决策时,需要考虑包含税收在内的收益,这与政策性负担的观点一致,同时又指出这是由于政府作为国有企业的控制人所带来的特殊代理问题导致的,这又与产权观点相吻合。本章从税收角度分析了国有控股的产权特征,并检验了国有控股股东独占性税收收益对上市公司投资决策的影响,对上述两种观点进行了融合。

传统公司财务理论认为,无论是国有控股股东还是民营控股股东,都既可以按照股权比例获得投资收益,也可以获得控制权的私有收益,并不会因为控股权特征而存在差异。但与其他类型的股东相比,政府作为国有企业的最终控制人,除了可以获得股权收益和控制权私利,还可以获得公司缴纳的税收。虽然政府同样可以获得民营企业缴纳的税收,但是政府难以直接通过干预民营企业的经营决策来确保税收收入;与之不同的是,在国有企业中,政府作为控股股东,可以直接干预国有企业的经营决策,从而确保其税收收入的实现。与股权收益和控制权私利不同,税收收益具有为国家政府所独占的特征,因此税收价值无法体现在市场价格中,使市场价值在一定程度上低估了国有控股股东的整体收益。当税收与股权收益之间存在冲突时,政府会更倾向于获得独占性的税收,表现为国有控股权的私有收益,这会引起国有控股股东与中小股东之间的特殊代理问题。本章检验不同性质的控股股权是否会改变税负对投资决策的影响,旨在厘清并分析该代理问题将如何影响公司(尤其是国有控股公司)的投资决策。

本章以 2004 年至 2013 年的上市公司为样本,检验了公司预期税负与投资之间的关系,并比较了不同控制权结构下的上市公司投资与预期税负的相关性(以下称为"投资-预期税负敏感性")。实证结果表明,预期增值税税负对公司投资有显著抑制作用,预期所得税税负则没有显著的抑制作用,这可能解释了为何近年来为了刺激经济、激发实体经济活力,我国会选择对增值税税率进行简并[①],而非对企业所得税税率进行调整。与民营控股上市公司相比,国有控股上市公司的投资与预期税负的关系被显著削弱。本章的实证结果支持了理论假说,即税收所隐含的私有收益是我国上市公司控股权性质的重要差异之一。因此,在比较分析不同控股权结构及其作用机制时,不应该忽略税收的影响。另外,本章利用我国 2009 年实行的增值税转型政策具有的"自然实验"的性质,检验市场对该政策的反应,实证结果表明市场对于增值税转型政策给公司带来的购买固定资产进项税抵扣的减税效应会给予正面反应,表明市场关注公司的增值税税负并会反映在其股价中。

本章在理论上,从政府对税收的独占角度出发,指出在国有企业中,国有控股股东和其他股东之间存在特殊的代理问题。本章从税收角度审视我国特定制度背景下的股权结构在公司财务决策中的作用,具体研究了由此对公司投资决策的影响,为探讨我国特定制度背景下的股权结构在公司财务决策中的作用提供了实证证据和崭新的研究视角。

第一节 理论分析与研究假说

在 20 世纪 70 年代拉弗提出拉弗曲线后,学者们对此理论进行了实证检验,Blinder(1981)、Fullerton 等(1981)、Buchanan 和 Lee(1982)的实证结果表明税率超过一定临界值后,税收确实会下降,支持了拉弗曲线。Yu(1996)提出美国最大化税收的税率约为 35%。国内研究中,马拴友

[①] 财税〔2018〕32 号规定,自 2018 年 5 月 1 日起,纳税人发生增值税应税销售行为或者进口货物,原适用 17%和 11%税率的,税率分别调整为 16%和 10%。

(2002)、王凤英和张莉敏(2013)实证检验了中国税负与经济增长的关系，发现两者同样呈"倒U形"曲线。宋文新和姚绍学(2003)利用OECD国家中部分国家的时间序列数据和截面数据对宏观税负与经济增长的相关关系进行计量分析。管超等(2018)利用1995年至2015年我国各省、自治区、直辖市的面板数据对财政收入与实际GDP增长进行计量分析。他们的研究结果均表明拉弗曲线是成立的。

关于税收与投资关系的理论主要有新古典投资理论(Jorgenson, 1963)、托宾Q投资理论(Tobin, 1969)以及边际有效税率模型(Fullerton和King, 1981)。在理论基础上，学者们进行了丰富的实证检验。Jorgenson和Hall(1967)以美国1929年至1963年的数据进行分析，发现所得税加速折旧政策会提高制造业对固定资产的投资，也就是说，税收优惠对投资具有促进作用。但是Salinger和Summers(2009)根据托宾Q投资理论，对道琼斯30家上市公司的研究发现，税收对公司投资的激励作用并不显著。Abel和Blanchard(1986)提出实证检验中由于平均托宾Q不能替代边际托宾Q，因此实证检验中托宾Q理论不能很好地解释投资。Cummins等(1994)考虑税收对托宾Q模型的影响，对资本调整成本的表达式进行重新推导，在实证检验中区分机器设备和房屋建筑两类固定资产，发现税收对企业投资有显著的影响。Cummins等(1994)在前文的基础上，利用14个OECD国家公司层面的数据，研究发现其中12个国家的公司投资行为会受到税收改革的影响。美国并不实行增值税制度，公司主要的税负是所得税，国外相关文献在讨论税收与投资关系时，主要也是从所得税角度进行分析。

国内关于税收对公司投资影响的文献主要是在西方经典理论的框架下展开，利用我国近年来的税制改革、税收优惠政策作为"自然实验"进行实证检验。马拴友(2001)认为税收优惠对非国有企业具有促进投资的作用，对外资企业实行的税收优惠政策也能够帮助吸引外资。刘慧凤和曹睿(2011)认为我国2008年的企业所得税改革确实降低了公司的投资成本，实证结果发现：改革前后，所得税税率上升的企业，资本成本上升，并导致企业投资额下降；而所得税税率下降的企业，资本成本明显降低，但资本成本的下降并没有显著增加企业的投资额。李成(2007)采用跨年度分地区的面板数据和分行业截面数据,发现税收对企业投资决策的影响是显著的,而且对私营企业的影响最大,对国有企业的影响有增强的趋势。陈烨等(2010)从宏观层面检验了增值税转型对实际 GDP 以及就业的影响。聂辉华等(2009)从微观角度探讨了增值税转型对企业的固定资产投资以及生产效率、就业、公司绩效的影响。万华林等(2012)研究了我国 2009 年增值税转型过程中公司投资决策的价值相关性变化。本章在以往研究的基础上,用年度-公司层面的截面数据,区分增值税与企业所得税,检验预期税负对公司投资决策的影响。

基于以上分析,提出假说如下:

假说 6.1:公司的预期税负支出会抑制公司的投资支出。

在研究中国公司的税收与投资的关系时,除了要结合我国税制以流转税(尤其是增值税)为主体的特征以外,还要考虑产权性质的影响。国有企业由于与政府的天然关系,对税收的态度自然与非国有企业存在差别,这会影响企业的投资行为和经营业绩。

随着国有企业改革的不断深入,如何衡量国有企业的经营效率,并解释其背后的成因,一直是中国经济研究的重要问题。虽然研究者认同国有企业中普遍存在的"预算软约束"(Kornai,1986;Kornai 等,2003),但是对预算软约束的成因有着不同的认识。

产权观点认为,国有企业天然地存在"委托人缺位",使国有企业缺乏来自委托人的有效监督和激励,导致国有企业的内部人控制,降低了国有企业的经营绩效。辛清泉等(2007)发现地方政府控制的上市公司的薪酬契约无法对经理人的工作努力和经营才能做出补偿和激励,而薪酬契约的失效会导致投资过度。陈冬华等(2005)进一步发现,在政府对国有企业实行薪酬管制的情况下,在职消费成为国有企业经理人的替代性选择,薪酬管制导致了国有企业的薪酬安排缺乏应有的激励效率。另外,也有文献从公司治理角度探讨如何改善国有企业的经营业绩。刘慧龙等(2012)研究了国有企业改制模式对上市公司投资效率的影响,以及独立董事在其中的作用。

信息观点认为,国有企业承担了许多政府职能却缺乏市场化的评价标准,不仅使国有企业在绩效考核时可以和政府讨价还价,而且会导致政府难以有效区分造成国有企业业绩低下的原因是经营不善还是承担了过多的社会责任。薛云奎和白云霞(2008)发现冗余雇员对国有企业的绩效产生了显著的负面效应。这使得政府难以通过合理的指标对国有企业进行绩效考核(Lin等,1998;林毅夫和李志赟,2004)。林毅夫和李周(1997)认为国有企业的问题是缺乏充分竞争的外部环境,应解除国有企业的各种政策性负担,使利润率成为能够真正反映其经营绩效的充分信息指标。国家作为国有企业的所有者,通过掌握这种充分信息对其进行管理。

但无论是产权观点还是信息观点,在解释上市公司控股权结构及其相关的绩效问题时,都存在一定的不足。随着国有企业的上市,公司产权得到了明晰,内部人控制问题似乎得到了缓解,取而代之的却是控股股东和中小股东之间的代理问题。那么,与民营控股股东相比,国有控股股东的代理问题究竟有哪些特点?随着公司上市,股价提供了一个衡量公司价值创造能力的可用指标,但是作为国有企业的控股股东,政府及国有资产管理部门并没有将股价作为国有上市公司绩效考核的指标,采取的依然是以传统的会计信息为基础的绩效考核指标体系。因此,深入探讨国有控股下政府股东的决策目标及其对公司财务决策的影响是非常有必要的。

与民营控股股东相比,作为国有控股股东的政府,不仅可以获得按照股权比例计算的现金流以及一般的控制权私有收益,而且可以获得公司缴纳的税收。在非国有控股的公司中,控股股东只能获得税后收益,公司的各项财务决策必然以税后收益作为评价标准。无论是股东与管理层之间的代理问题,还是控股股东与中小股东之间的代理问题,都不会涉及税收。[①]

在国有控股的上市公司中,虽然股权投资和税收归属于不同的政府部门管理,但是最终都作为政府财政收入的来源。作为国有控股上市公司的最终控制人,政府不仅要考虑股权投资收益和控制权私利,而且要关注公司所创造的税收。对于国有控股上市公司来说,包含所有税收在内的收益最大化才是更为合理的目标。由于政府是税收的完全独占者,因此,当税后收益和税收之间存在冲突时,政府会牺牲一部分税后收益来确保税收收入,这

---

① Desai等(2007)认为政府加强税收监管可以抑制控股股东的掏空行为,但是在其模型中,税收监管是一个外生因素,并不会直接作用于公司的财务行为。也就是说,当控股股东的掏空行为不涉及税收相关问题时,例如控股股东占用上市公司资金,税收监管就无法制约此类代理行为。

种做法未必有利于中小股东的利益,由此构成了国有控股股东与中小股东之间的特殊代理问题,即税收负担独占性引发的代理问题。

此外,市场中其他投资者不能获得税收,所以由投资者交易所形成的股价无法体现税收价值,即不存在税收的市场价值。对于政府股东来说,股价并没有全面反映国有控股上市公司的价值创造能力,也就不会以股价作为考核国有企业高管经营业绩的衡量基础。因此,税收作为政府独占性的公司价值,既是国有控股股东和中小股东利益冲突的来源,也是信息不充分的重要来源。

虽然政府也可以从民营控股上市公司中获得税收,但是民营控股股东不会以包含税收的公司价值最大化作为其财务决策目标,即民营控股上市公司在其投资决策中,不会将税收最大化作为投资决策的影响因素,相反,民营控股上市公司希望最小化预期的税收成本。当民营控股上市公司的管理层预期某项投资将导致未来税负的增加从而会降低投资项目的回报率时,就可能削减或取消这项投资,因此投资与预期税负之间是负相关的。在国有控股上市公司中,政府可以作为控股股东直接干预公司的投资决策,不仅要实现税后收益的最大化,而且要实现公司整体税收的最大化,甚至以牺牲税后收益为代价来增加税收。因此,与民营控股上市公司相比,国有控股上市公司的投资-预期税负敏感性更低。

基于以上分析,提出假说如下：

假说6.2：与民营控股上市公司相比,国有控股上市公司的投资-预期税负敏感性更低。

第二节 研 究 设 计

一、数据来源

本章以2004年至2013年的非金融类上市公司为样本。上市公司的财务数据来自CSMAR和Wind数据库,最终控制人数据来源于年报手工采集,剔除了缺少变量和极端的观测值后,得到13 026个观测值。本章中的所有连续变量进行了上下1%的Winsorize处理。

二、实证模型

首先实证检验基础性问题,即我国增值税、企业所得税税负是否会抑制公司的投资,模型(6.1)和模型(6.2)用于检验假说6.1。模型(6.1)中,被解释变量$INVEST_{i,t}$是企业i在t年的投资额,我们关注的解释变量为企业i的预期税负$Exptax_{i,t}$——以在$t+1$期缴纳的所有税收、增值税、企业所得税($TAX_{i,t+1}$、$VAT_{i,t+1}$、$CIT_{i,t+1}$)作为代理变量,如果税负会抑制公司投资,那么模型(6.1)中的系数β_1则应该显著为负。

$$\begin{aligned}INVEST_{i,t} = &\beta_0 + \beta_1 TAX_{i,t} + \beta_2 SOE_{i,t} + \beta_3 OCF_{i,t} + \beta_4 TQ_{i,t-1} + \beta_5 Size_{i,t-1} \\ &+ \beta_6 Cash_{i,t-1} + \beta_7 LEV_{i,t-1} + \beta_8 AGE_{i,t-1} + \beta_9 Growth_{i,t-1} \\ &+ \beta_{10} Pay_{i,t} + \beta_{11} Loss_{i,t} + \sum Year + \sum Industry + \varepsilon_{i,t} \end{aligned} \quad (6.1)$$

$$\begin{aligned}INVEST_{i,t} = &\beta_0 + \beta_1 VAT_{i,t} + \beta_2 CIT_{i,t} + \beta_3 SOE_{i,t} + \beta_4 OCF_{i,t} + \beta_5 TQ_{i,t-1} \\ &+ \beta_6 Size_{i,t-1} + \beta_7 Cash_{i,t-1} + \beta_8 LEV_{i,t-1} + \beta_9 AGE_{i,t-1} \\ &+ \beta_{10} Growth_{i,t-1} + \beta_{11} Pay_{i,t} + \beta_{12} Loss_{i,t} \\ &+ \sum Year + \sum Industry + \varepsilon_{i,t} \end{aligned} \quad (6.2)$$

模型(6.3)和模型(6.4)检验假说6.2,即检验国有企业与民营企业相比,其投资-预期税负敏感性是否存在差异。在模型(6.1)的基础上,增加税收预期税负($TAX_{i,t+1}$、$VAT_{i,t+1}$、$CIT_{i,t+1}$)与企业是否为国有控股($SOE_{i,t}$)的交乘项。该交乘项的系数表明不同的控股权性质对企业投资-预期税负敏感性的影响。我们预期该系数是显著为正的,即国有控股权属性会削弱其进行投资决策时对预期税负因素的考虑,降低了投资-预期税负敏感性。

$$\begin{aligned}INVEST_{i,t} = &\beta_0 + \beta_1 TAX_{i,t} + \beta_2 SOE_{i,t} + \beta_3 SOE_{i,t} \times TAX_{i,t} + \beta_4 OCF_{i,t} \\ &+ \beta_5 TQ_{i,t-1} + \beta_6 Size_{i,t-1} + \beta_7 Cash_{i,t-1} + \beta_8 LEV_{i,t-1} \\ &+ \beta_9 AGE_{i,t-1} + \beta_{10} Growth_{i,t-1} + \beta_{11} Pay_{i,t} + \beta_{12} Loss_{i,t} \\ &+ \sum Year + \sum Industry + \varepsilon_{i,t} \end{aligned} \quad (6.3)$$

$$INVEST_{i,t} = \beta_0 + \beta_1 VAT_{i,t} + \beta_2 CIT_{i,t} + \beta_3 SOE_{i,t} + \beta_4 SOE_{i,t} \times VAT_{i,t}$$
$$+ \beta_5 SOE_{i,t} \times CIT_{i,t} + \beta_6 OCF_{i,t} + \beta_7 TQ_{i,t-1} + \beta_8 Size_{i,t-1}$$
$$+ \beta_9 Cash_{i,t-1} + \beta_{10} LEV_{i,t-1} + \beta_{11} AGE_{i,t-1} + \beta_{12} Growth_{i,t-1}$$
$$+ \beta_{13} Pay_{i,t} + \beta_{14} Loss_{i,t} + \sum Year + \sum Industry + \varepsilon_{i,t} \quad (6.4)$$

模型因变量为企业 i 在 t 期的投资量。这里我们采用的是"购建固定资产、无形资产和其他长期资产支付的现金"和"取得子公司及其他营业单位支付的现金净额"的总和为公司投资量。在稳健性检验中,用上述投资量减去"处置固定资产、无形资产和其他长期资产收回的现金净额"和"处置子公司及其他营业单位收到的现金净额"的余额来衡量公司当年的净投资量(刘慧龙等,2014;魏明海和柳建华,2007;徐倩,2014)。

主要解释变量是企业 i 在 t 期对于第 $t+1$ 期将要缴纳税收金额的预期,本章借鉴 Rountree 等(2008),在检验公司现金流波动与公司价值关系时,用未来实际的现金流波动率作为当期对未来现金流波动的预期的做法,用第 $t+1$ 年公司实际支付的各项税费作为预期税收负担的代理变量。公司在 t 期进行投资决策时,会考虑其预期在 $t+1$ 期缴纳税收的现金流出量。假定公司可以合理预期未来税收,使用 $t+1$ 期实际缴纳的税收来代替预期值,以 $TAX_{i,t+1}$ 表示。该变量的回归系数即公司的投资-预期税负敏感性,本章预期该系数是显著为负的,即公司预期未来缴纳的税收越高,其进行投资的意愿越弱,在当期的投资量越少,系数的绝对值越大,表明投资-预期税负敏感性越高。

另外,将税负区分为增值税税负($VAT_{i,t+1}$)和企业所得税税负($CIT_{i,t+1}$),其中,企业所得税税负用 $t+1$ 期实际缴纳的所得税来代替预期值,即 $t+1$ 期利润表中的"所得税费用"扣除现金流量表中的"递延所得税资产减少"及现金流量表中的"递延所得税负债增加"后的金额。增值税税负以 $t+1$ 期公司实际支付的各项税费扣除 $t+1$ 期所得税支出以及 $t+1$ 期营业税金及附加后的金额作为增值税支出的替代变量。

以上市公司的最终控制人特征来衡量股权性质,最终控制人为各级政府,则 $SOE_{i,t}$ 取 1,否则取 0。胡诗阳和陆正飞(2015)发现国有企业中存在显著的过度投资现象,即在其他条件相同的情况下,国有控股上市公司的投资规模更大；Chen等（2011）则发现国有控股上市公司的投资效率更低。因此，预期$SOE_{i,t}$的回归系数应显著为正。

$SOE_{i,t}$与$Exptax_{i,t}$交乘项的系数反映了预期税收负担对不同股权性质的公司当前投资决策的影响。如果该交乘项系数显著为正，则表明与民营控股上市公司相比，预期税负对国有控股上市公司当前投资的影响程度更小，即投资-预期税负敏感性更低。

模型中的主要控制变量如下：（1）投资机会$TQ_{i,t-1}$。现有文献（李培功和肖珉，2012；徐倩，2014；陈信元等，2014；付文林和赵永辉，2014）发现，公司面临的投资机会越好，实际投资越大。本章以$t-1$期的公司资产市场价值（流通股的市场价值、非流通股账面价值与负债的账面价值之和）与资产账面价值之比作为投资机会的衡量标准，并预期其回归系数为正。（2）公司规模$SIZE_{i,t-1}$。公司规模会影响公司的投资行为。（3）现金比率$CASH_{i,t-1}$，代表第$t-1$年末"货币资金""交易性金融资产"和"短期投资净额"之和除以年末总资产（程仲鸣等，2008；钟海燕等，2010；江伟，2011；窦欢等，2014；刘慧龙等，2014）。（4）债务水平$LEV_{i,t-1}$，代表公司i在$t-1$期的资产负债率（曹亚勇等，2012；陈艳艳和罗党论，2012；程新生等，2012）。（5）上市年数$AGE_{i,t-1}$，代表公司i在$t-1$期的上市年数。上市年数越长，公司进行投资的需求可能越少，预期系数为负（张会丽和陆正飞，2012；王义中和宋敏，2014）。（6）高管薪酬$PAY_{i,t}$，代表公司i的高管在t期的薪酬。高管薪酬越高，高管越愿意付出时间和精力去管理公司，越愿意进行投资，预期系数为正（辛清泉等，2007；白俊和连立帅，2014）。（7）销售增长$GROWTH_{i,t-1}$，代表公司i在$t-1$期的营业收入增长率。营业收入增长率越好，公司的市场越大，公司成长性越好，对投资的需求越多，预期系数为正（黄俊和李增泉，2014）。（8）经营活动净现金流量$OCF_{i,t}$，代表公司i在t期的经营净现金流量。经营活动净现金流量越多，表明投资收益率越高，当前的投资规模可以越大（魏明海和柳建华，2007；付文林和赵永辉，2014）。（9）是否亏损$LOSS_{i,t}$，代表公司i在t期是否亏损，亏损取1，否则取0。亏损公司进行投资的意愿和能力相对更低，预期系数为负（付文林和耿强，2011；李万福等，2011）。变量的详细计算方法可见表6.1。

表 6.1　　　　　　　　　　　变 量 定 义 表

类　别	名　称	符　号	计　算　说　明
被解释变量	投资规模	$INVEST_{i,t}$	第 t 年"购建固定资产、无形资产和其他长期资产支付的现金+取得子公司及其他营业单位支付的现金净额"÷年初总资产
解释变量	预期总税收负担	$TAX_{i,t}$	第 $t+1$ 年现金流量表中的"支付的各项税费"÷年初总资产
解释变量	预期增值税负担	$VAT_{i,t}$	第 $t+1$ 年总税收负担扣除所得税负担、营业税金及附加÷年初总资产
解释变量	预期所得税负担	$CIT_{i,t}$	第 $t+1$ 年"利润表中的'所得税费用'−现金流量表中的'递延所得税资产减少'−现金流量表中的'递延所得税负债增加'"÷年初总资产
解释变量	产权性质	$SOE_{i,t}$	第 t 年为国有控股上市公司,取 1,其他取 0
控制变量	经营净现金流量	$OCF_{i,t}$	第 t 年经营活动产生的现金流量净额÷年初总资产
控制变量	公司规模	$SIZE_{i,t-1}$	第 $t-1$ 年末公司总资产的对数
控制变量	现金比率	$CASH_{i,t-1}$	第 $t-1$ 年末"货币资金+交易性金融资产+短期投资净额"÷年末总资产
控制变量	资产负债率	$LEV_{i,t-1}$	第 $t-1$ 年末总负债÷总资产
控制变量	上市年数	$AGE_{i,t-1}$	第 $t-1$ 年末公司已上市年数
控制变量	高管薪酬	$PAY_{i,t}$	第 t 年末高管中薪酬最高者薪酬的对数
控制变量	营业收入增长率	$GROWTH_{i,t-1}$	第 $t-1$ 年销售收入增长率
控制变量	是否亏损	$LOSS_{i,t}$	第 t 年净利润小于 0 时取 1,其余取 0

另外,在我国增值税制度中,与公司投资相关的一大改革是"增值税转型"政策。按照外购固定资产所含的增值税进项税额能否扣除,可以将增值税分为两类,即生产型增值税和消费型增值税,前者不允许扣除,后者允许扣除。我国起初实行的是生产型增值税,所谓"增值税转型",即从生产型增值税转型为消费型增值税。2004 年 9 月 14 日,财政部、国家税务总局发文正式启动"增值税转型"改革,在辽宁、吉林、黑龙江三省进行试点,涉及行业有装备制造业、石油化工业、冶金业、船舶制造业、汽车制造业和农产品加工

业,2007年将试点范围扩大到山西、安徽、江西、河南、湖北和湖南,2008年将试点范围扩大到内蒙古。经2008年11月5日国务院第34次常务会议修订通过,自2009年1月1日起施行的增值税缴纳办法,将"增值税转型"在全国全行业内实行。

本章利用"增值税转型"这一自然实验,检验资本市场对于公司投资带来的增值税税负变化的反应。首先,以2008年11月5日会议通过日为事件日,计算上市公司的累计超额收益(Cumulative Abnormal Return, CAR),然后对模型(6.5)进行回归。

$$CAR = \beta_0 + \beta_1 FINVEST + \beta_2 PRVT + \beta_3 SIZE + \beta_4 MTB \\ + \beta_5 GROWTH + \beta_6 ROE + \varepsilon \quad (6.5)$$

其中,CAR是以事件日前后1天、3天、5天为窗口期计算的累计超额收益;$FINVEST$为2009年的"购建固定资产、无形资产和其他长期资产支付的现金"的现金流出,代表公司或者市场预期"增值税转型"后公司将用于购入固定资产的支出。"增值税转型"后,采购固定资产取得的进项税额允许抵扣,可以降低公司的增值税税负,预期$FINVEST$的系数显著为正。如前文所述产权性质与税收的关系,国有企业对税负不如非国有企业对税负敏感,那么变量$PRVT$(非国有企业为1,国有企业为0)的系数预期显著为正。

第三节 实证结果与分析

一、描述性统计

表6.2列示了本章研究所涉及的所有变量的描述性统计结果。为了控制极端值的影响,本章对连续变量按照1%和99%分为数进行Winsorize处理。

表 6.2 描述性统计

变量名	样本量	平均值	标准差	最小值	中位数	最大值
INVEST	13 026	0.076 2	0.084 5	0.000 1	0.048 9	0.461 8
NETINVEST	13 026	0.068 9	0.086 9	−0.095 4	0.044 0	0.453 6
TAX	13 026	0.047 2	0.042 0	0.002 0	0.035 8	0.251 7
VAT	13 026	0.025 0	0.027 2	−0.032 7	0.019 3	0.136 3
CIT	13 026	0.012 6	0.015 1	−0.001 5	0.008 1	0.087 7
OCF	13 026	0.045 7	0.080 3	−0.206 6	0.045 6	0.268 0
SIZE	13 026	21.634 4	1.217 2	19.008 4	21.498 8	25.360 7
TQ	13 026	1.739 5	1.045 2	0.904 7	1.370 6	7.184 4
CASH	13 026	0.181 4	0.138 1	0.005 6	0.143 5	0.665 7
LEV	13 026	0.205 5	0.156 0	0	0.194 6	0.619 1
AGE	13 026	8.703 7	215.589 8	1	9	19
GROWTH	13 026	0.233 8	0.629 8	−0.702 0	0.136 0	4.739 8
PAY	13 026	13.897 4	0.808 8	11.791 8	13.935 1	15.905 1
SOE	13 026	0.423 9	0.494 2	0	0	1
LOSS	13 026	0.088 3	0.283 7	0	0	1

表 6.2 的统计结果显示,公司平均的投资规模(INVEST)为 7.62%,标准差为 8.45%,表明公司之间的投资规模差异较大,最大的投资量占公司总资产的 46.18%,而投资量最小的公司几乎没有新投资。公司平均的预期总税负(TAX)为 4.72%,标准差为 4.20%,平均的预期增值税税负(VAT)为 2.5%,标准差为 2.72%,预期所得税税负(CIT)为 1.26%,标准差为1.51%。可见,公司税负的离散程度相对较小。国有控股上市公司(SOE)约占样本总量的 42.39%,与以往的文献基本吻合。

在控制变量中,公司经营活动净现金流量(OCF)的均值为 0.045 7,成长性(TQ)的均值为 1.739 5,公司规模(SIZE)对数的均值为 21.63,现金持有量均值(CASH)为 0.18,公司负债率(LEV)的均值为 20.55%,公司上市年限(AGE)的均值为 8.70,高管中最高薪酬(PAY)对数的均值为 13.90,营业收入增长率($GROWTH$)的均值为 23.38%,发生亏损的公司比例约占样本总量的 8.83%。控制变量的描述性统计情况与已有文献基本一致。

二、回归检验结果与分析

表 6.3 和表 6.4 是对假说 6.1 的检验结果。表 6.3 中预期总税负($TAX_{i,t+1}$)的回归系数为负(−0.119 2),且在 1% 的水平上显著,表明预期总税负显著抑制了上市公司当前的投资规模。表 6.4 中具体区分增值税和所得税对投资的影响,预期增值税税负(VAT)的系数为负(−0.168 4),且在 1% 水平上显著,表明公司在做投资决策时会考虑投资项目的增值税支出,高增值税税负会抑制公司的投资;预期所得税税负(CIT)不显著,公司所得税对投资的抑制作用不显著。这在一定程度上解释了为何为了激发实体经济活力,我国会选择对增值税税率进行简并,而非对企业所得税税率进行调整。

表 6.3　　　　　　　　　　　公司预期总税负与投资量

变　　量	(1) INVEST
TAX	−0.119 2*** (−6.13)
OCF	0.103 6*** (11.05)
SIZE	0.001 8** (2.19)
TQ	0.010 3*** (9.00)
CASH	0.027 9*** (3.82)
LEV	0.034 9*** (6.02)
AGE	−0.002 7*** (−16.00)

续表

变 量	(1) INVEST
GROWTH	0.004 5*** (3.81)
PAY	0.009 6*** (8.21)
SOE	−0.001 4 (−0.92)
LOSS	−0.024 5*** (−12.50)
Constant	−0.060 2** (−2.08)
行业	控制
年度	控制
Observations	13 026
Adjusted R^2	0.148
F	58.93

注：括号中为回归系数的异方差稳健 t 值；*** 表示1%水平显著，** 表示5%水平显著，* 表示10%水平显著。

表 6.4　　　　　公司预期增值税、企业所得税税负与投资量

变 量	(1) INVEST
VAT	−0.168 4*** (−5.52)
CIT	0.003 0 (0.05)
OCF	0.098 7*** (10.41)
SIZE	0.001 7** (1.98)
TQ	0.010 0*** (8.71)

续　表

变　量	(1) INVEST
CASH	0.026 7*** (3.66)
LEV	0.036 8*** (6.34)
AGE	−0.002 7*** (−16.08)
GROWTH	0.004 4*** (3.71)
PAY	0.009 4*** (7.94)
SOE	−0.001 2 (−0.81)
LOSS	−0.024 2*** (−12.36)
Constant	−0.053 8* (−1.83)
行业	控制
年度	控制
Observations	13 026
Adjusted R^2	0.147
F	57.35

注：括号中为回归系数的异方差稳健 t 值；*** 表示1%水平显著，** 表示5%水平显著，* 表示10%水平显著。

在控制变量中，预期经营活动产生的现金流量净额(OCF)的回归系数显著为正，表明未来税收现金流量越大，当前的投资规模也越大，这与已有的研究结论相符(王义中和宋敏，2014；黄俊和李增泉，2014)。托宾Q(TQ)、公司规模(SIZE)、资产负债率(LEV)、现金比率(CASH)、高管薪酬(PAY)和公司成长性(GROWTH)与投资额正相关，上市年限(AGE)、是否亏损(LOSS)与投资额负相关，与已有文献的结果相符(辛清泉等，2007；徐业坤等，2013；黄俊和李增泉，2014；王义中和宋敏，2014)。

表 6.5 和表 6.6 是检验假说 6.2 的实证结果。表 6.5 中 $SOE \times TAX$ 的回归系数为正(0.081 3),显著性水平为 5%,即在国有控股上市公司中,投资-预期税负敏感性为负($-0.169\ 0+0.081\ 3=-0.087\ 7$),但是税负对投资的抑制作用显著低于民营控股上市公司,这表明,国有股权中隐含的税收收益显著削弱了国有控股上市公司的投资-预期税负敏感性。这一结果支持了本章的假说 6.2。具体区分增值税和所得税,表 6.6 中 $SOE \times VAT$ 的回归系数为正(0.088 3),显著性水平为 10%,增值税对投资的抑制作用仍然存在,投资-预期增值税税负敏感性为负($-0.219\ 7+0.088\ 3=-0.131\ 4$),但是增值税对投资的抑制作用在国有控股上市公司中被削弱了。$SOE \times CIT$ 的系数并不显著。

表 6.5　　　　国有企业与非国有企业:投资-预期税负敏感性差异(1)

变　　量	(1) INVEST
$SOE \times TAX$	0.081 3** (2.41)
TAX	$-$0.169 0*** ($-$5.78)
OCF	0.103 2*** (11.00)
$SIZE$	0.001 8** (2.15)
TQ	0.010 4*** (9.04)
$CASH$	0.028 6*** (3.91)
LEV	0.035 6*** (6.14)
AGE	$-$0.002 7*** ($-$15.98)
$GROWTH$	0.004 6*** (3.84)
PAY	0.009 7*** (8.26)

续 表

变 量	(1) INVEST
SOE	−0.005 2** (−2.33)
LOSS	−0.024 5*** (−12.49)
Constant	−0.059 6** (−2.04)
行业	控制
年度	控制
Observations	13 026
Adjusted R^2	0.148
F	57.55

注：括号中为回归系数的异方差稳健 t 值；*** 表示 1%水平显著，** 表示 5%水平显著，* 表示 10%水平显著。

表 6.6　国有企业与非国有企业：投资-预期税负敏感性差异(2)

变 量	(1) INVEST
SOE×VAT	0.088 3* (1.69)
SOE×CIT	−0.083 8 (−0.80)
VAT	−0.219 7*** (−5.14)
CIT	0.047 6 (0.57)
OCF	0.099 1*** (10.46)
SIZE	0.001 7** (1.97)
TQ	0.010 1*** (8.72)

续　表

变　量	(1) INVEST
CASH	0.027 1*** (3.71)
LEV	0.037 1*** (6.38)
AGE	−0.002 7*** (−16.10)
GROWTH	0.004 4*** (3.67)
PAY	0.009 4*** (7.96)
SOE	−0.002 3 (−1.08)
LOSS	−0.024 2*** (−12.36)
Constant	−0.053 5* (−1.82)
行业	控制
年度	控制
Observations	13 026
Adjusted R^2	0.147
F	54.81

注：括号中为回归系数的异方差稳健 t 值；*** 表示1%水平显著，** 表示5%水平显著，* 表示10%水平显著。

表6.7是检验市场对"增值税转型"政策的反应。第(1)、(2)和(3)列分别为以事件日前后1、3、5日为窗口期计算的上市公司累计超额收益。变量 FINVEST 系数均显著为正，表明市场对于"增值税转型"是正向反应，公司在"增值税转型"后采购固定资产越多，所取得的允许抵扣的进项税额越多，公司能够节约的增值税税额也就越多，公司在事件日的超额收益越高。此外，变量 PRVT 的系数均显著为正，也印证了非国有企业对税负更为敏感。

表 6.7　　　　　　　　增值税转型政策市场反应的回归结果

变量	(1) $CAR(-1, 1)$	(2) $CAR(-3, 3)$	(3) $CAR(-5, 5)$
FINVEST	0.040*** (4.818)	0.095*** (8.942)	0.112*** (7.647)
PRVT	0.004*** (3.321)	0.008*** (5.403)	0.019*** (9.503)
SIZE	−0.003*** (−6.040)	−0.004*** (−4.914)	−0.006*** (−5.677)
MTB	−0.002*** (−14.032)	−0.003*** (−11.816)	−0.002*** (−9.410)
GROWTH	0.003** (2.466)	0.003** (2.076)	−0.002 (−1.020)
ROE	−0.000*** (−5.190)	−0.001*** (−10.831)	−0.000*** (−4.460)
Constant	0.080*** (6.639)	0.079*** (4.522)	0.118*** (5.361)
行业	控制	控制	控制
年度	控制	控制	控制
Observations	10 543	10 543	10 543
R^2	0.083	0.098	0.130

注：括号中为回归系数的异方差稳健 t 值；*** 表示 1% 水平显著，** 表示 5% 水平显著，* 表示 10% 水平显著。

表 6.8 中的上市公司根据中国证监会上市公司行业分类指引分为制造业和批发、零售贸易行业与其他行业两类，分别进行回归。在"营改增"之前，制造业和批发、零售贸易行业是缴纳增值税的主要行业，从回归结果来看，FINVEST 的系数在这些行业中更大，表明市场对缴纳增值税的行业反应更大，这是符合预期的。

表6.8　　　　　增值税转型政策市场反应的回归结果——分行业比较

变　量	(1)制造业和批发、零售贸易 CAR(−1, 1)	(2)其他行业 CAR(−1, 1)	(3)制造业和批发、零售贸易 CAR(−3, 3)	(4)其他行业 CAR(−3, 3)	(5)制造业和批发、零售贸易 CAR(−5, 5)	(6)其他行业 CAR(−5, 5)
FINVEST	0.064*** (7.388)	0.038** (2.225)	0.134*** (9.888)	0.061*** (2.858)	0.246*** (11.249)	0.008 (0.336)
PRVT	0.011*** (4.083)	0.009*** (4.685)	0.008*** (4.556)	0.007** (2.489)	0.021*** (8.410)	0.015*** (3.834)
SIZE	−0.001 (−1.204)	−0.003*** (−4.157)	−0.001 (−0.752)	−0.004*** (−3.837)	−0.002 (−1.403)	−0.002 (−1.320)
MTB	−0.002*** (−13.214)	−0.002*** (−11.125)	−0.003*** (−10.743)	−0.003*** (−9.948)	−0.004*** (−11.193)	−0.003*** (−6.567)
GROWTH	0.017*** (10.319)	−0.011*** (−9.455)	0.014*** (5.565)	−0.007*** (−4.352)	0.015*** (4.269)	−0.011*** (−4.859)
ROE	−0.000** (−2.000)	−0.001*** (−7.660)	−0.000*** (−8.673)	−0.001*** (−7.915)	−0.000*** (−3.597)	−0.001*** (−5.232)
Constant	0.027* (1.713)	0.094*** (6.078)	0.024 (1.039)	0.110*** (4.725)	0.049* (1.650)	0.069** (2.243)
行业	控制	控制	控制	控制	控制	控制
年度	控制	控制	控制	控制	控制	控制
Observations	6 726	3 817	6 726	3 817	6 726	3 817
R^2	0.054	0.082	0.052	0.056	0.057	0.033

注：括号中为回归系数的异方差稳健 t 值；*** 表示1%水平显著，** 表示5%水平显著，* 表示10%水平显著。

三、稳健性检验

（一）改变主要解释变量的计量方法

采用未来两年缴纳税收的平均值作为当期的预期税负，即 TAX_AVE、VAT_AVE 和 CIT_AVE 变量，对假说6.1和假说6.2进行稳健性检验，结果与上文一致（如表6.9和表6.10所示）。

表 6.9　　稳健性检验（假说 6.1）——用未来两年缴纳税收的平均值作为当期的预期税负

变　量	(1) INVEST	(2) INVEST
TAX_AVE	−0.139 9*** (−7.14)	
VAT_AVE		−0.178 4*** (−5.23)
CIT_AVE		−0.120 0** (−2.08)
OCF	0.107 9*** (10.80)	0.106 8*** (10.61)
SIZE	0.002 9*** (3.15)	0.002 8*** (3.00)
TQ	0.010 1*** (8.27)	0.010 0*** (8.14)
CASH	0.032 8*** (4.04)	0.033 1*** (4.05)
LEV	0.032 8*** (5.27)	0.034 0*** (5.46)
AGE	−0.002 9*** (−14.57)	−0.002 9*** (−14.71)
GROWTH	0.004 5*** (3.68)	0.004 5*** (3.66)
PAY	0.008 9*** (7.06)	0.008 9*** (7.02)
SOE	−0.000 9 (−0.54)	−0.000 8 (−0.50)
LOSS	−0.024 7*** (−11.75)	−0.024 7*** (−11.79)
Constant	−0.077 4** (−2.56)	−0.075 2** (−2.45)
行业	控制	控制
年度	控制	控制
Observations	11 074	11 074

续表

变　量	(1) INVEST	(2) INVEST
Adjusted R^2	0.154	0.153
F	54.18	52.88

注：括号中为回归系数的异方差稳健 t 值；*** 表示 1% 水平显著，** 表示 5% 水平显著，* 表示 10% 水平显著。

表 6.10　　稳健性检验（假说 6.2）——用未来两年缴纳税收的
平均值作为当期的预期税负

变　量	(1) INVEST	(2) INVEST
SOE×TAX_AVE	0.085 0** (2.53)	
TAX_AVE	−0.191 5*** (−6.97)	
SOE×VAT_AVE		0.103 1* (1.79)
SOE×CIT_AVE		−0.088 1 (−0.82)
VAT_AVE		−0.240 0*** (−5.12)
CIT_AVE		−0.070 7 (−0.84)
OCF	0.107 3*** (10.74)	0.107 0*** (10.62)
SIZE	0.002 9*** (3.10)	0.002 8*** (2.99)
TQ	0.010 2*** (8.32)	0.010 0*** (8.14)
CASH	0.033 6*** (4.13)	0.033 5*** (4.11)
LEV	0.033 7*** (5.40)	0.034 4*** (5.51)
AGE	−0.002 9*** (−14.55)	−0.002 9*** (−14.72)

续　表

变量	(1) INVEST	(2) INVEST
GROWTH	0.004 6*** (3.71)	0.004 5*** (3.64)
PAY	0.008 9*** (7.09)	0.008 9*** (7.04)
SOE	−0.004 9** (−2.08)	−0.002 2 (−0.96)
LOSS	−0.024 6*** (−11.72)	−0.024 7*** (−11.79)
Constant	−0.076 2** (−2.50)	−0.074 7** (−2.44)
行业	控制	控制
年度	控制	控制
Observations	11 074	11 074
Adjusted R^2	0.154	0.153
F	52.87	50.53

注：括号中为回归系数的异方差稳健 t 值；*** 表示1%水平显著，** 表示5%水平显著，* 表示10%水平显著。

（二）改变主要被解释变量的计量方法

采用"购建固定资产、无形资产和其他长期资产支付的现金＋取得子公司及其他营业单位支付的现金净额－处置固定资产、无形资产和其他长期资产收回的现金净额－处置子公司及其他营业单位收到的现金净额"，即净投资额（NETINVEST）为被解释变量，对假说6.1和假说6.2进行稳健性检验，结果与上文一致（如表6.11和表6.12所示）。

表6.11　　稳健性检验（假说6.1）——以净投资额为被解释变量

变量	(1) NETINVEST	(2) NETINVEST
TAX	−0.106 6*** (−5.36)	

续　表

变　　量	(1) NETINVEST	(2) NETINVEST
VAT		−0.161 9*** (−5.21)
CIT		0.044 0 (0.76)
OCF	0.126 3*** (12.80)	0.120 8*** (12.13)
SIZE	0.003 9*** (4.63)	0.003 8*** (4.43)
TQ	0.009 0*** (7.50)	0.008 7*** (7.19)
CASH	0.036 4*** (4.94)	0.035 0*** (4.73)
LEV	0.025 5*** (4.26)	0.027 6*** (4.60)
AGE	−0.003 2*** (−18.60)	−0.003 2*** (−18.68)
GROWTH	0.005 5*** (4.54)	0.005 4*** (4.42)
PAY	0.009 1*** (7.62)	0.008 8*** (7.32)
SOE	0.000 6 (0.39)	0.000 8 (0.53)
LOSS	−0.021 8*** (−10.80)	−0.021 5*** (−10.64)
Constant	−0.110 0*** (−4.29)	−0.103 2*** (−3.95)
行业	控制	控制
年度	控制	控制
Observations	13 026	13 026
Adjusted R^2	0.160	0.160
F	64.65	63.07

注：括号中为回归系数的异方差稳健 t 值；*** 表示1%水平显著，** 表示5%水平显著，* 表示10%水平显著。

表 6.12　稳健性检验(假说 6.2)——以净投资额为被解释变量

变　　量	(1) NETINVEST	(2) NETINVEST
SOE×TAX	0.074 0** (2.15)	
TAX	−0.152 0*** (−4.99)	
SOE×VAT		0.087 8 (1.64)
SOE×CIT		−0.113 3 (−1.07)
VAT		−0.212 7*** (−4.76)
CIT		0.105 1 (1.23)
OCF	0.126 0*** (12.77)	0.121 3*** (12.20)
SIZE	0.003 9*** (4.59)	0.003 8*** (4.43)
TQ	0.009 0*** (7.53)	0.008 7*** (7.20)
CASH	0.037 0*** (5.02)	0.035 3*** (4.77)
LEV	0.026 2*** (4.37)	0.027 8*** (4.64)
AGE	−0.003 2*** (−18.59)	−0.003 2*** (−18.70)
GROWTH	0.005 6*** (4.56)	0.005 3*** (4.38)
PAY	0.009 1*** (7.66)	0.008 8*** (7.33)
SOE	−0.002 8 (−1.23)	0.000 1 (0.04)
LOSS	−0.021 8*** (−10.79)	−0.021 5*** (−10.64)
Constant	−0.109 5*** (−4.23)	−0.103 0*** (−3.94)
行业	控制	控制

续 表

变 量	(1) *NETINVEST*	(2) *NETINVEST*
年度	控制	控制
Observations	13 026	13 026
Adjusted R²	0.160	0.160
F	63.12	60.27

注：括号中为回归系数的异方差稳健 *t* 值；*** 表示 1% 水平显著，** 表示 5% 水平显著，* 表示 10% 水平显著。

表 6.13 和表 6.14 将被解释变量——投资量和预期税负分别以投资净额（*NETINVEST*）和未来两年平均税负（*TAX_AVE*、*VAT_AVE*、*CIT_AVE*）为替代变量，对假说 6.1 和假说 6.2 进行稳健性检验，回归结果与主回归结果一致。公司的预期税负会抑制公司的投资，尤其是预期增值税税负。国有控股权中隐含的税收收益会削弱国有控股上市公司的投资-预期税负敏感性。

表 6.13　稳健性检验（假说 6.1）——以净投资额为被解释变量、未来两年缴纳税收的平均值为当期的预期税负

变 量	(1) *NETINVEST*	(2) *NETINVEST*
TAX_AVE	−0.125 8*** (−6.28)	
VAT_AVE		−0.166 1*** (−4.78)
CIT_AVE		−0.093 1 (−1.56)
OCF	0.127 0*** (12.09)	0.125 7*** (11.88)
SIZE	0.005 1*** (5.38)	0.004 9*** (5.25)
TQ	0.009 2*** (7.22)	0.009 0*** (7.08)

续 表

变 量	(1) NETINVEST	(2) NETINVEST
CASH	0.042 9*** (5.24)	0.043 0*** (5.23)
LEV	0.023 8*** (3.71)	0.025 0*** (3.90)
AGE	−0.003 4*** (−16.78)	−0.003 4*** (−16.90)
GROWTH	0.005 5*** (4.32)	0.005 5*** (4.30)
PAY	0.008 3*** (6.49)	0.008 3*** (6.45)
SOE	0.001 0 (0.62)	0.001 1 (0.67)
LOSS	−0.022 3*** (−10.23)	−0.022 3*** (−10.27)
Constant	−0.127 5*** (−4.69)	−0.125 3*** (−4.55)
行业	控制	控制
年度	控制	控制
Observations	11 074	11 074
Adjusted R^2	0.168	0.167
F	59.49	58.11

注：括号中为回归系数的异方差稳健 t 值；*** 表示1%水平显著，** 表示5%水平显著，* 表示10%水平显著。

表 6.14　稳健性检验（假说 6.2）——以净投资额为被解释变量、未来两年缴纳税收的平均值为当期的预期税负

变 量	(1) NETINVEST	(2) NETINVEST
SOE×TAX_AVE	0.075 2** (2.18)	

续　表

变　量	(1) NETINVEST	(2) NETINVEST
TAX_AVE	−0.171 5*** (−5.90)	
SOE×VAT_AVE		0.089 7 (1.51)
SOE×CIT_AVE		−0.101 4 (−0.91)
VAT_AVE		−0.219 5*** (−4.47)
CIT_AVE		−0.035 9 (−0.40)
OCF	0.126 5*** (12.03)	0.126 0*** (11.90)
SIZE	0.005 0*** (5.33)	0.004 9*** (5.24)
TQ	0.009 2*** (7.25)	0.009 1*** (7.08)
CASH	0.043 5*** (5.32)	0.043 3*** (5.27)
LEV	0.024 6*** (3.83)	0.025 3*** (3.93)
AGE	−0.003 4*** (−16.76)	−0.003 4*** (−16.91)
GROWTH	0.005 5*** (4.35)	0.005 4*** (4.27)
PAY	0.008 3*** (6.52)	0.008 3*** (6.46)
SOE	−0.002 5 (−1.03)	0.000 2 (0.09)
LOSS	−0.022 2*** (−10.21)	−0.022 3*** (−10.27)
Constant	−0.126 4*** (−4.62)	−0.124 9*** (−4.55)
行业	控制	控制
年度	控制	控制
Observations	11 074	11 074

续 表

变　　量	(1) NETINVEST	(2) NETINVEST
Adjusted R^2	0.168	0.167
F	58.02	55.54

注：括号中为回归系数的异方差稳健 t 值；*** 表示 1% 水平显著，** 表示 5% 水平显著，* 表示 10% 水平显著。

第四节　本 章 小 结

本章首先检验公司的预期税负与投资的关系，并且将税负区分为增值税和企业所得税，随后检验比较不同控股权结构的上市公司的投资与预期税负之间敏感性的差别。实证结果发现公司预期税负与投资之间呈负相关关系，预期税负会抑制公司的投资。将公司税负区分为增值税和企业所得税后，发现预期增值税会显著抑制公司的投资，而预期所得税并没有显著抑制公司的投资。实证结果还发现国有控股企业的投资-预期税负敏感性低于民营控股企业。相比民营控股企业，国有控股企业在进行投资决策时更看重税前收益，关注投资带来的税收效益。作为国有控股股东的政府机构具有独占税收的私有收益，会产生特殊的国有控股股东与其他股东之间的代理问题，进而对国有控股上市公司的投资行为产生影响。另外，本章利用"增值税转型"的自然实验，检验资本市场对公司投资带来的增值税税负变化的反应。实证结果表明资本市场会认可"增值税转型"对公司减轻增值税税负的政策目的和效果。

本章从政府独占的税收收益角度出发，理解国有控股上市公司中控股股东与非控股股东之间特殊的代理问题，更好地解释了国有控股上市公司的财务决策行为，尤其是其投资行为。重要的是，本章的实证结果表明，在比较分析中国上市公司的控股权结构对公司财务决策及公司价值的影响时，不应该忽略税收，尤其是增值税的影响。

第七章 企业所得税、增值税与公司价值

第一节 企业所得税与公司价值

本节以我国企业所得税管理实践为基础,提出并检验了上市公司税务管理行为的衡量指标、会计利润与应税所得一致性(以下简称"会计税法一致性")及其有效性;并且检验了会计税法一致性与公司盈利持续性的相关性,还结合我国税收监管环境的变化,检验了会计税法一致性的价值相关性。

会计利润与应税所得之间的差异(以下简称"财税差异",BTD)及其经济后果是学术界关注的重要问题(Shackelford 和 Shevlin,2001;Hanlon 和 Heitzman,2010;Graham 等,2012),国内研究也从不同角度探讨了公司避税行为的动因(戴德明和姚淑瑜,2006;叶康涛,2006;吴文锋等,2009;李维安和徐业坤,2013)。是否需要从制度层面缩小财税差异,目前尚未取得一致的结论:一方面,以会计利润作为应税所得,可以减少公司的避税行为,降低税收稽查风险,并且限制经理人的机会主义行为,降低代理成本(Desai,2005;Whitaker,2006);另一方面,完全按照税法编制财务报告,可能会过度关注税务机关对财务报告的需求,并使公司管理层难以运用自由裁量权编制财务报告,降低财务报告对股票投资者的有用性,导致会计信息

质量下降(Hanlon，2005；Hanlon 和 Shevlin，2008)。鉴于上述实证研究结果是基于不同的财税差异衡量指标，Hanlon 和 Heitzman（2010）、Graham 等(2012)指出，现有的财税差异指标存在一定的不足，其对结论的影响需要予以关注。

本节在借鉴 Atwood 等(2010)方法的基础上，结合我国企业所得税的征管实践和公司纳税实务特征，构造了上市公司会计税法一致性指标。与现有财税差异指标不同，会计税法一致性指标不仅可以反映蓄意避税行为，而且包含了合理避税行为的影响。[①] 作为盈利组成部分的所得税费用，其实际支付也会直接影响经营活动现金流量净额，因此，公司的会计税法一致性越高，表明税前利润(税前经营活动现金流量)和所得税费用(支付的所得税费用)之间的关系越稳定，公司净利润和经营活动现金流量净额的持续性就越强。

虽然公司的避税行为在整体上有助于节约现金流出，但是由此构造的复杂交易及其潜在的管理层代理行为会增加投资者与公司之间的信息不对称，以及管理层的代理成本，因此，公司避税行为的价值相关性是难以定论的。然而，在严格的税收监管环境下，提高会计税法一致性不仅增强了投资者对公司税务管理行为一致性的合理预期，而且对管理层避税的代理行为形成了制约，有助于降低代理成本，增加股票价值。

在理论分析的基础上，本节以上市公司季度报告财务数据构造了会计税法一致性指标，检验了其对盈利(现金流量)持续性和公司价值的影响。研究结果表明：(1) 会计税法一致性越高，公司盈利(现金流量)持续性越强。(2) 会计税法一致性与公司价值的相关性和税收监管环境密切相关。在宽松的税收监管环境下，提高会计税法一致性未必会降低公司价值，但是在严格的税收监管环境下，提高会计税法一致性则显著地增加了公司价值。

本节研究在理论上的贡献是在现有文献的基础上，提出了符合我国上市公司税务管理实践的会计税法一致性指标，并从盈利(现金流量)持续性和公司价值相关性角度检验了该指标的有用性与合理性，对财税差异的相

[①] Hanlon 等(2010)认为，现有的避税衡量指标可以反映公司的蓄意避税行为（Non-conforming Tax Avoidance），但是难以体现公司的合理避税行为（Conforming Tax Avoidance），如研发开支加计扣除对公司所得税的节约。

关研究具有推动作用。同时,本节研究结果表明,加强税收监管,鼓励诚信纳税,不仅有助于维护国家的税收利益,而且有助于提高公司价值。

一、理论分析与研究假说

(一)避税行为、财税差异与会计税法一致性

财务会计与税收不同的职能和学科属性决定了两者在制度设计过程中遵循不同的目标、处理原则以及业务规范(戴德明等,2005)。财务会计主要是服务于公司的所有者、股东以及债权人,向他们提供有关公司经营情况及财务状况的信息,以减少公司内部经理人与外部所有者之间的信息不对称。税务会计的服务对象则主要是政府的税务机关,他们关注的是税收收入的稳定性,防止避税、偷税行为,通过税收政策引导、鼓励或限制公司的某些特定行为。财务会计和税法的不同规定、职能以及公司潜在的避税行为是产生财税差异的重要原因。

此外,虽然在业务的处理原则和具体方法上不尽相同,但是财务会计和税收都要求公司反映和报告业务活动所产生的盈利,其信息根源是相同的。在不存在蓄意避税的情况下,公司财务会计中报告的税前利润和所得税成本会呈现相对稳定的关系,即在财务会计和税法不变的情况下,严格按照会计准则和税法编制相应报告的公司,尽管在每一期都会存在会计利润与应税所得之间的差异,但是从长期来看,其会计利润与应税所得(所得税费用)之间会保持稳定的关系。如果公司存在蓄意避税动机,就会利用所有可能的避税机会,包括推迟纳税等行为,这样不仅会改变各期会计利润与应税所得之间的差异,而且会削弱会计利润与应税所得(所得税费用)之间长期稳定的关系,降低会计利润与应税所得(所得税费用)之间的一致性。

例如,按照我国的企业所得税法,研发开支可以加计 50% 扣除。如果公司保持高额稳定的研发投入,其会计利润就会始终高于应税所得,即使在经过行业年度调整后,也会表现为较高的财税差异;但是,只要公司保持稳定的研发支出,其会计利润和应税所得的相关性就会保持不变。同理,如果公司采取长期的蓄意避税措施,也会表现为较高的财税差异和会计税法一致性。

如果公司利用时间性差异进行避税,则会改变不同时点上会计利润和应税所得的相对水平,即在某个时点上会计利润高于应税所得,在以后的时点则应税所得高于会计利润,这样特定时点的财税差异并不足以反映公司的避税行为,即使采用长期的财税差异(Dyreng 等,2008)指标,也会因为不同时点的财税差异相互抵消而难以反映公司的避税行为。利用时间性差异进行避税显然会降低应有的会计利润与应税所得一致性关系,因此会计税法一致性的差异可以比财税差异更有效地反映公司利用时间性差异进行避税的活动。

公司采取临时性的避税措施,不仅会表现为当期的财税差异增加,而且会导致整个期间会计税法一致性的下降。这样较高的财税差异和较低的会计税法一致性可以共同解释公司的临时性避税措施。

综上所述,与常用的财税差异指标相比,会计税法一致性可以更有效地揭示公司持续性避税行为与非持续性避税行为对会计利润和应税所得的影响,即采用财税差异指标并不能反映采用有效持续避税行为、采用时间性差异避税和采用临时性避税行为之间的差异,会计税法一致性指标则可以有效区分持续性避税行为与非持续性避税行为之间的差异。具体总结见表7.1。

表 7.1　　　　　避税行为、财税差异和会计税法一致性的关系

避 税 行 为	财税差异	会计税法一致性
没有避税行为	低	高
有效持续避税行为	高	高
采用时间性差异避税	前高后低	低
临时性避税行为	高	低

(二) 会计税法一致性与盈余持续性

Atwood 等(2010)认为,随着会计税法一致性的提高,税法对公司会计政策选择的束缚作用增强,削弱了管理层的自由裁量权,降低了会计信息质量,具体表现为会计盈余(现金流)持续性下降。Atwood 等(2010)的研究有

一个隐含的假设,即不同国家的公司都会采取税法允许的最高限度的避税行为,在会计准则相同的情况下,样本公司表现出的会计税法一致性就代表了各国税法对会计准则约束的程度。但如果各国对税法的执行力度不同,或者各国公司进行税务管理的动机以及能力有区别,那么样本公司的会计税法一致性就不能完全代表该国税法对会计政策选择的约束。

但是 Atwood 等(2010)的研究无法辨别样本公司的会计税法一致性差异究竟是国家层面的制度差异所致,还是公司特征所致。一系列研究(Rego,2003;Wilson,2009;Desai 和 Dharmapala,2008;Christopher 等,2015)表明,公司的经营、财务特征、所有权结构、公司治理等因素均与避税行为存在显著相关性。因此,在 Atwood 等(2010)基于跨国数据的研究基础上,我们可以进一步审视同一国内不同公司的会计税法一致性与会计盈余持续性的关系,即在横截面上控制了国家制度层面对公司税务行为的影响后,检验公司的会计税法一致性与其盈余持续性以及公司价值的关系,作为对已有文献研究的补充。

在会计税法一致性较高的公司中,无论是公司没有避税,还是采取了持续性的避税政策,都会保持相对稳定的会计政策和避税政策,使税前盈余能够更有效地反映实际经济业务及其发展,相应的现金管理和税务管理政策与实际经济业务相匹配,使净利润(经营活动净现金流量)表现出更高的持续性。在会计税法一致性较低的公司中,无论是公司采取了时间性避税政策,还是临时性避税政策,虽然都会在特定的时间内通过减少所得税费用(支出)来增加净利润(经营活动现金流量),但正是这种业务的非持续性使公司不能在未来继续增加净利润(经营活动净现金流量),表现为盈利持续性下降。因此,会计税法一致性越高的公司,其盈利持续性越高。

基于以上分析,提出假说如下:

假说 7.1:会计税法一致性程度越高,公司净利润(经营活动净现金流量)持续性越高。

(三)税收监管、会计税法一致性与公司价值

传统观点认为,避税和其他的财务节税方式(如负债、固定资产折旧)一

样,可以减少公司资源流出,投资者会青睐公司的避税行为,并给予避税公司更高的估值。而现代兴起的一些研究认为,避税过程中隐含的代理成本(Chen 和 Chu,2005;Desai 和 Dharmapala,2006;Desai 等,2007)和信息不对称(Allen 等,2000)等问题会降低避税公司的市场价值。在经验证据方面,相关的研究结论不完全一致。当公司主动宣布采取避税措施时,股票价格出现了显著的下降(Graham 和 Tucker,2006)。在中国股票市场上,财税利润差异是影响股票估值的重要因素(伍利娜和李蕙伶,2007);公司的避税行为显著提高了股票崩盘的概率(Kim 等,2011),增加了公司的非效率投资(刘行和叶康涛,2013);但是,避税行为对公司价值的影响并不显著(Desai 和 Dharmapala,2009;Hanlon 和 Slemrod,2009)。

如前所述,以往对公司避税行为价值相关性的研究未能有效区分持续性避税行为和非持续性避税行为的作用。投资者可以有效预期持续性避税政策的影响,并将其反映到公司价值中;非持续性避税对公司价值的影响则取决于避税收益和成本的相对大小,特别是税务稽查成本。如果非持续性避税行为导致增加的当期收益大于由此产生的代理成本,会计税法一致性就会提高,公司价值会下降,反之则反是。

此外,避税程度越高的公司,成为税务稽查目标的可能性越大(Mills,1998)。显然,在相同避税程度的情况下,临时性避税行为面临的税务稽查风险更高。如果公司采取了持续性避税政策,则表明此项避税政策已经得到税务机关的认可,并不会受税务稽查严格程度变化的影响;而临时性避税行为,在严格的税务稽查环境下,其潜在的税务稽查风险和成本会随之增加。在其他收益和成本不变的情况下,税务稽查成本的上升会改变原有的避税成本和收益,导致公司价值下降。因此,在严格的税务稽查环境下,会计税法一致性越低的公司,其潜在的税务稽查成本越高,公司价值越低。

基于以上分析,提出的假说如下:

假说7.2:在严格的税务稽查环境下,会计税法一致性越低,公司价值越低。

二、研究设计

(一) 数据来源与实证模型

以 2004 年至 2013 年非金融类上市公司为样本。在计算会计税法一致性的基础上,删除了股价信息和相关财务指标缺失的公司,最终确定 10 147 个公司-年度观测值。数据均取自国泰安数据库。

与 Hanlon(2005)相同,采用模型(7.1)检验会计税法一致性与盈余持续性的相关性。

$$Earnings_{i,t+1} = \alpha_0 + \alpha_1 Earnings_{i,t} + \alpha_2 TAXCLY_{i,t} \\ + \alpha_3 TAXCLY_{i,t} \times Earnings_{i,t} + \varepsilon_{i,t} \quad (7.1)$$

其中,Earnings 表示净利润和经营活动现金流量净额,TAXCLY 表示会计税法一致性(计算方法见下一节)。

为检验假说 7.2,即不同税收监管环境下,会计税法一致性与公司价值的相关性,在 Desai 和 Dharmapala(2009)模型的基础上,结合前述理论分析,提出实证模型如下:

$$TQ_{i,t} = \alpha_0 + \alpha_1 AFTER_{i,t} + \alpha_2 BTD_{i,t} + \alpha_3 AFTER_{i,t} \times BTD_{i,t} + \alpha_4 LTAXCLY_{i,t} \\ + \alpha_5 HTAXCLY_{i,t} + \alpha_6 AFTER_{i,t} \times LTAXCLY_{i,t} + \alpha_7 AFTER_{i,t} \\ \times HTAXCLY_{i,t} + \alpha_8 SIZE_{i,t} + \alpha_9 LEV_{i,t} + \alpha_{10} OCF_{i,t} + \alpha_{11} GROWTH_{i,t} \\ + \alpha_{12} PRVT_{i,t} + \alpha_{13} FIRST_{i,t} + \varepsilon_{i,t} \quad (7.2)$$

(二) 被解释变量

在模型(7.1)中,因变量 Earnings 表示净利润和经营活动现金流量净额,均除以期末资产总额。在模型(7.2)中,因变量为公司市场价值,具体为流通股市场价值、非流通股账面价值和债务账面价值三者之和与期末资产账面价值之比,以 TQ 表示。

(三) 主要解释变量

1. 会计税法一致性(TAXCLY)

借鉴 Atwood 等(2010)的方法,以应交所得税与税前利润回归所得的

拟合优度 R^2 来衡量会计与税法一致性的程度,具体模型如下:

$$ITAX_{it} = \alpha_i + \beta_i \times PI_{it} + \varepsilon_{it} \tag{7.3}$$

在模型(7.3)中,R^2 越高,表明会计报表中的税前利润[①]对应交所得税(所得税费用－递延所得税资产增加净额－递延所得税负债减少净额)的解释力越强,非持续性避税政策的影响越弱。

我国企业所得税纳税是"按季(月)预缴,年末汇算清缴",即企业至少要按照季度编制所得税纳税申报表。此外,我国上市公司自2002年开始被要求编制季度报告,为以季度数据为基础衡量会计税法一致性提供了可能。以公司i在第t年前8个季度的税前利润和应交所得税数据对模型(7.3)进行回归,以计算出的 R^2 作为公司i在第t年的会计税法一致性的衡量标准,用 $TAXCLY$ 表示。[②]

为了控制会计税法一致性与公司价值之间潜在的非线性关系,采用分段定义的方法,具体如下:

$$\begin{aligned} LTAXCLY &= \begin{cases} TAXCLY, \text{ if } TAXCLY < MedTAXCLY \\ MedTAXCLY, \text{ if } TAXCLY > MedTAXCLY \end{cases} \\ HTAXCLY &= \begin{cases} TAXCLY - MedTAXCLY, \text{ if } TAXCLY > MedTAXCLY \\ 0, \text{ if } TAXCLY < MedTAXCLY \end{cases} \end{aligned} \tag{7.4}$$

$MedTAXCLY$ 为按照行业年度计算的样本公司会计税法一致性中位数。

2. 税收监管(AFTER)

目前,衡量税收监管的指标主要有两类:一类是通过计算税收收入与GDP的关系,构造各个省份的税收监管强度(曾亚敏和张俊生,2009);另一类是利用政府税收监管政策的变化作为衡量指标(Desai等,2007;朱凯和孙红,2014)。

自2005年以来,我国税务机关不断加大对公司的反避税力度。根据国

[①] 税前利润主要包括当期的应税利润和持续性避税政策所造成的差异。
[②] 使用季度数据计算会计税法一致性指标,可以缓解集团内适用不同税率的母公司和子公司的盈利结构变化所导致的会计税法一致性计算误差。季度预缴所得税虽然是公司对缴纳所得税的估计数,年底面临汇缴调整,但是在很大程度上反映了管理层预期的公司持续性的税务管理。

家税务总局公布的信息,2013年税务机关反避税对税收增长的贡献为468亿元,是2005年的100倍。2009年9月,在60家集团公司进行税务自查的基础上,国家税务总局针对全国3 108家大型集团公司提出重点检查,作为上市公司的广济药业,虽然在自查阶段已补缴1 300万元税款,但在随后的重点检查阶段又被税务机关查出需要补缴税款1 700万元。虽然目前还没有直接的经验证据表明税务稽查与会计税法一致性指标的相关性,但是可以合理地认为,在税务机关资源和时间有限的情况下,采取临时性避税措施的公司将面临更严格的税务稽查。图7.1反映了2005年至2013年我国反避税对税收增收的贡献情况。

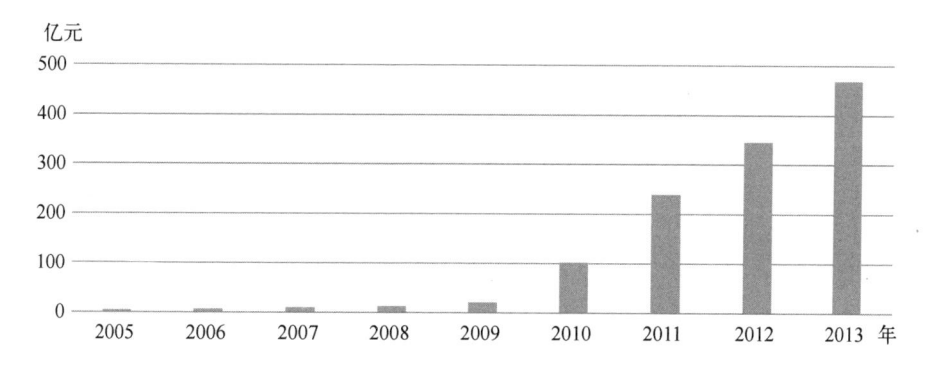

图7.1 我国2005年至2013年反避税对税收增收的贡献

以2009年我国加强税收监管的措施出台为衡量指标,用AFTER表示。AFTER是虚拟变量,若为1,表示样本期间为2009年及以后年度;若为0,则表示样本期间为2008年及以前年度。

3. 财税差异(BTD)

现有研究通常采用数据库公布的上市公司名义税率作为计算财税差异的基础。但是,我国上市公司及其子公司都是独立的纳税主体,不要求上市公司编制合并的纳税申报表,在上市公司及其子公司税率不同的情况下,现有的研究方法会系统性高估或低估上市公司及其子公司的永久性差异。例如,上市公司A适用的所得税税率为25%,其子公司适用15%的优惠税率,上市公司B适用的所得税税率为15%,其子公司适用25%的所得税税率,在其他条件相同的情况下,现有方法会高估公司B的永久性差异。在无法获得所有子公司所得税税率的情况下,难以判断现有方法的衡量误差。为了比较分析会计税法一致性指标和财税差异的关系,采用现有文献的做法,以 Wind 数据库公布的名义所得税税率为基础计算财税差异,具体公式如下:

$$BTD_{i,t} = \frac{PI_{i,t} - \frac{IT_{i,t} - DefTax_{i,t}}{Taxrate_{i,t}}}{Asset_{i,t}} \qquad (7.5)$$

其中,PI 为税前利润;IT 为所得税费用;$DefTax$ 为递延所得税资产减少与递延所得税负债增加之和;$Taxrate$ 为 Wind 数据库公布的名义所得税税率;$Asset$ 为期末资产账面价值。

(四)控制变量

在以往文献的基础上,模型(7.2)还考虑了以下控制变量:(1)财务比例(LEV)。财务比例越高,公司面临的财务风险越大,公司价值越低,预期财务比例与公司价值之间存在负向关系,以有息负债(短期借款、一年内到期的长期负债、长期借款和应付债券之和)占总资产的比例来衡量财务比例。(2)成长性($GROWTH$)。成长性越高,公司价值越大,预期成长性与公司价值之间存在正向关系,以销售收入增长率作为成长性的衡量指标。(3)公司规模($SIZE$)。为了控制规模差异对价值的影响,以公司年末总资产账面价值的对数值作为公司规模的衡量指标。(4)控股股东性质($PRVT$)。如果公司最终控制人为非国有性质,则定义为 1,否则为 0。(5)控股股东持股比例($FIRST$),以第一大股东持股比例作为衡量指标。

表 7.2　　　　　　　　　　变 量 定 义 表

变 量	定 义
$FROA$	第 $t+1$ 年净利润÷第 $t+1$ 年总资产
ROA	第 t 年净利润÷第 t 年总资产
$FOCF$	第 $t+1$ 年经营活动现金流量净值÷第 $t+1$ 年总资产

续　表

变量	定　义
OCF	第 t 年经营活动现金流量净值÷第 t 年总资产
TAXCLY	以第 t 年前8个季度的所得税成本和利润总额,采用回归模型(7.3)估计的拟合优度
DHBTD	虚拟变量,如果 TAXCLY 高于年度行业中位数,则为1,否则为0
BTD	财税差异 $=\dfrac{利润总额-所得税成本÷名义所得税税率}{总资产}$
ABSBTD	财税差异的绝对值
TQ	公司价值 $=\dfrac{流通股市场价值+非流通股账面价值+债务账面价值}{总资产}$
AFTER	虚拟变量,1为2009年及以后,0为2008年及以前
LTAXCLY	如果 TAXCLY 小于年度行业中位数,就为 TAXCLY,否则就等于年度行业中位数
HTAXCLY	如果 TAXCLY 小于年度行业中位数,HTAXCLY 就为0,否则为 TAXCLY 减去年度行业中位数的差值
SIZE	公司年末总资产的对数
LEV	有息资产负债率 $=\dfrac{短期借款+一年内到期的长期借款+长期借款+应付债券}{总资产}$
GROWTH	销售收入增长率 $=\dfrac{本年销售收入}{上一年销售收入}-1$
PRVT	控股股东特征,1表示非国有控股股东,0表示国有控股股东
FIRST	第一大股东持股比例

三、实证结果与分析

(一) 描述性统计

表7.3列示了本研究所涉及的所有变量的描述性统计结果。为了控制极端值的影响,对连续变量按照1%和99%分位数进行修饰(Winsorize)。

表7.3　　　　　　　　　　　描述性统计

变量	样本量	均值	标准差	最小值	中位数	最大值
FOCF	10 147	0.089	0.105	0.194	0.08	0.416
OCF	10 147	0.092	0.106	0.193	0.084	0.422
FROA	10 147	0.038	0.058	0.176	0.032	0.227
ROA	10 147	0.039	0.058	0.175	0.033	0.226
TAXPCLY	10 147	0.398	0.327	0.004	0.298	1.000
LTAXCLY	10 147	0.221	0.141	0.004	0.208	0.903
HTAXCLY	10 147	0.176	0.245	0.000	0.000	0.954
BTD	10 147	0.007	0.044	0.208	0.003	0.114
ABSBTD	10 147	0.027	0.035	0.000	0.015	0.208
TQ	10 147	1.922	1.130	0.866	1.545	7.354
SIZE	10 147	21.885	1.213	18.511	21.737	28.444
LEV	10 147	0.244	0.168	0.000	0.235	0.679
GROWTH	10 147	0.191	0.444	0.583	0.123	2.898
PRVT	10 147	0.337	0.473	0.000	0.000	1.000
FIRST	10 147	0.366	0.157	0.011	0.346	0.894

作为盈利持续性的衡量指标,公司盈利水平(ROA)均值为3.9%,中位数为3.3%;经营活动现金流量净额的平均值为9.2%,中位数为8.4%。这表明上市公司的应计项目占总资产的比重平均为-5.3%,增加应计项目似乎并不是样本公司盈余操纵的主要手段。作为公司价值的衡量指标,TQ的均值为1.922,但是最小值仅为0.866,表明部分公司并没有创造价值,甚至是在毁灭价值。

作为主要解释变量,会计税法一致性(TAXCLY)均值为0.398,即在回归模型(7.3)中,利润总额对所得税成本的解释力约为40%,最高值则接近100%(该数为小数点进位所致),表明这些样本公司的利润总额与应税所得之间保持着非常稳定的关系;此外,较低的会计税法一致性均值则表明大多数样本公司利用非持续性的避税政策。作为对比方法,样本公司财税差异(BTD)均值(中位数)为$-0.007(-0.003)$,表明样本中大部分公司的应纳税所得额高于会计利润,是否可以认为上市公司并不存在明显的避税行为呢?

在控制变量中,公司总资产的对数($SIZE$)均值为21.885,与中位数21.737接近,样本中公司的资产规模基本符合正态分布。成长性($GROWTH$)均值为0.191,最大值为2.898,最小值为-0.583,说明样本公司间的收入增长率差异比较大。控股股东性质($PRVT$)的均值为0.337,即样本中约2/3的公司是国有控股的。

(二) 回归结果分析

表7.4为假说7.1的回归结果。其中,因变量为$t+1$期的盈利(现金流量),第(1)列和第(3)列的解释变量均只考虑财税差异绝对值($ABSBTD$)。从回归结果看,财税差异绝对值($ABSBTD$)与t期盈利($Earnings$)或t期现金流(OCF)的交互项的系数分别为-3.140和-0.629,分别在1%和10%水平上显著,表明财税差异越大,盈余(现金流量)的持续性越低,这与以往文献发现的证据是一致的。第(2)列和第(4)列将会计税法一致性($TAXCLY$)变量放入回归模型,会计税法一致性($TAXCLY$)与t期盈余($Earnings$)或t期现金流(OCF)的交互项的系数分别为0.138和0.207,且均在1%水平上显著为正,表明公司会计税法一致性越高,盈利(现金流量)的持续性越高。会计税法一致性反映了公司较高的盈利持续能力,支持了的假说7.1。

表7.4　　　　会计税法一致性与会计盈余持续性的相关性

变量	(1) $Earnings_{t+1}$	(2) $Earnings_{t+1}$	(3) OCF_{t+1}	(4) OCF_{t+1}
$Constant$	-0.010^{**} (-2.556)	-0.011^{***} (-2.729)	0.031^{***} (5.599)	0.030^{***} (4.609)
$Earnings_t(OCF_t)$	0.859^{***} (49.39)	0.710^{***} (18.07)	0.507^{***} (25.87)	0.336^{***} (9.023)

续 表

变 量	(1) $Earnings_{t+1}$	(2) $Earnings_{t+1}$	(3) OCF_{t+1}	(4) OCF_{t+1}
$ABSBTD$	0.262*** (13.85)	0.260*** (12.08)	0.096** (2.369)	0.130*** (3.022)
$ABSBTD * Earnings_t(OCF_t)$	−3.140*** (−14.65)	−2.521*** (−10.81)	−0.629* (−1.869)	−0.272 (−0.793)
$TAXCLY$		0.008*** (3.637)		0.012*** (2.631)
$TAXCLY * Earnings_t(OCF_t)$		0.138*** (2.991)		0.207*** (4.514)
样本量	10 147	10 147	10 147	10 147
Adjusted R^2	0.433	0.438	0.336	0.347

注：括号中为回归系数的异方差稳健 t 值；*** 表示 1% 水平显著，** 表示 5% 水平显著，* 表示 10% 水平显著。

从表 7.4 的结果可以看到，以中国上市公司为样本进行分析的结果与 Atwood 等（2010）利用多国数据进行研究的结论是不同的，可能的原因是 Atwood 等（2010）假定在一个国家中样本公司都会最大限度地避税，这样国家之间的避税程度差异就反映了各国税法的差异。而描述性统计表明，即使在中国，上市公司的税务管理和避税行为也会存在很大差异。因此，表 7.4 的结果表明，Atwood 等（2010）的结论不能被简单地推论至所有国家，至少该结论在中国有待商榷，从国别角度探讨会计税法一致性也许更能够衡量公司税务管理行为。

与第（1）列和第（3）列相比，第（2）列和第（4）列的调整后 R^2 均较大，且经 Vuong 统计检验后，R^2 的增加均在低于 1% 的水平上显著，也就是说，加入会计税法一致性（$TAXCLY$）变量后的模型的解释力更强。这表明，与现有的财税差异绝对值（$ABSBTD$）指标相比，会计税法一致性（$TAXCLY$）变量是具有信息增量的，其对公司盈利持续性的解释能力并不完全被财税差异绝对值（$ABSBTD$）指标所涵盖。

表 7.5 是检验假说 7.2 的回归结果。被解释变量为公司的托宾 Q。根据前述理论分析，为了检验会计税法一致性（$TAXCLY$）与公司价值之间可能的

非线性关系,对会计税法一致性变量进行分段处理,$LTAXCLY$ 表示较低水平的公司会计税法一致性,$HTAXCLY$ 表示较高水平的会计税法一致性。

表 7.5　　　　　　　　　会计税法一致性与公司价值

变　　量	(1)	(2)	(3)	(4)
$Constant$	8.847*** (24.01)	8.922*** (24.05)	8.847*** (24.01)	8.639*** (23.63)
$AFTER$	0.675*** (25.30)	0.858*** (16.44)	0.675*** (25.30)	0.919*** (15.95)
$LTAXCLY$	0.118** (2.096)	0.272*** (4.304)	0.118** (2.096)	0.436*** (6.833)
$HTAXCLY$	0.457*** (3.553)	−0.128 (−0.960)	0.457*** (3.553)	0.090 (0.698)
$AFTER \times LTAXCLY$		−0.546*** (−6.119)		−0.567*** (−6.372)
$AFTER \times HTAXCLY$		0.822*** (3.854)		0.699*** (3.330)
BTD	3.051*** (7.080)	1.176*** (3.165)	3.051*** (7.080)	3.610*** (7.246)
$AFTER\_BTD$		−0.357 (−0.629)		−1.179* (−1.807)
$ABSBTD$			5.031*** (9.693)	5.497*** (8.856)
$AFTER \times ABSBTD$				−0.752 (−0.916)
$SIZE$	−0.337*** (−19.42)	−0.334*** (−19.10)	−0.337*** (−19.42)	−0.334*** (−19.29)
LEV	−0.697*** (−7.125)	−0.759*** (−7.585)	−0.697*** (−7.125)	−0.690*** (−7.025)
OCF	1.633*** (8.700)	1.771*** (9.211)	1.633*** (8.700)	1.639*** (8.730)
$GROWTH$	0.252*** (10.77)	0.272*** (11.56)	0.252*** (10.77)	0.248*** (10.67)
$PRVT$	0.098*** (2.707)	0.129*** (3.543)	0.098*** (2.707)	0.101*** (2.796)

续 表

变 量	(1)	(2)	(3)	(4)
FIRST	−0.232** (−2.245)	−0.224** (−2.128)	−0.232** (−2.245)	−0.235** (−2.271)
行业	控制	控制	控制	控制
年度	控制	控制	控制	控制
样本量	10 147	10 147	10 147	10 147
Adjusted R^2	0.340	0.328	0.340	0.344

注：括号内为 t 值；*** 表示 $p<0.01$，** 表示 $p<0.05$，* 表示 $p<0.1$。

表7.5第(1)列的回归结果显示，LTAXCLY 和 HTAXCLY 的系数为0.118和0.457，并分别在5%和1%水平上显著，表明不同水平的会计税法一致性对公司价值的影响程度是不同的，支持了会计税法一致性与公司价值的非线性关系假说，而且会计税法一致性较高的部分对其价值的提升影响更大。

表7.5第(2)列结果中，LTAXCLY 系数在1%水平上显著为正，HTAXCLY 则为负，但是系数并不显著，这说明，当税务稽查风险小，公司会计税法一致性处于较低水平，通过避税节约现金流出时，其被稽查补税的可能性低，避税成本小，能够增加公司价值；当公司会计税法一致性处于较高水平时，没有显著降低公司价值。

但是，在严格的税务监管环境下，会计税法一致性的差异会如何影响公司价值呢？从表7.5第(2)列中发现，在会计税法一致性处于较低水平时，AFTER×LTAXCLY 系数为−0.546，在1%水平上显著为负，采取临时性避税行为的公司的会计税法一致性水平较低，被税务机关稽查的概率较高，潜在的税务稽查成本较高，降低了公司价值；而 AFTER×HTAXCLY 系数为0.822，在1%水平上显著为正，表明在外部税务稽查力度加大，公司面临的税务稽查风险和成本上升的情况下，公司减少非持续性避税行为，维持较高的会计税法一致性，可以有效降低公司预期的税务稽查风险，提高公司价值。在第(3)列和第(4)列中，增加财税差异的绝对值(ABSBTD)及财税差异绝对值与税务监管的交乘项 $AFTER \times ABSBTD$ 作为控制变量,回归结果的主要结论保持不变。

在回归结果中,财税差异(或其绝对值)($BTD/ABSBTD$)与公司价值的关系是正显著,$AFTER \times BTD$($ABTER \times ABSBTD$)的系数则是不显著的,或许表明税务稽查风险提高后,公司的避税行为不会对公司价值产生影响。这显然与经济现实不吻合。还有一种可能的原因是,由于财税差异(BTD)指标的计算方法本身存在缺陷,并不足以有效反映公司的税务管理行为,由此产生的衡量误差问题(Measurement Error)会削弱该指标回归结果的显著性,因此,与财税差异(或其绝对值)相比,会计税法一致性($TAXCLY$)可以更有效地衡量我国上市公司的税务管理行为。

在回归结果中,控制变量与公司价值的关系基本符合以往文献的结论:公司规模($SIZE$)、财务杠杆(LEV)与公司价值负相关;经营现金流(OCF)、成长性($GROWTH$)与公司价值正相关;非国有控股股东($PRVT$)的公司价值更高;第一大股东持股比例($FIRST$)越高,公司价值越低。

第二节 增值税的价值相关性

自 20 世纪 90 年代以来,为了适应市场经济的发展,我国在中共中央、国务院的直接领导下,进行了一系列税制改革。从 1992 年起,财税部门加快了税制改革的步伐,1993 年出台了全面改革工商税制的方案和具体措施,从 1994 年起在全国实施。该次税制改革侧重税制的结构调整,其中一项重要的改革工作就是建立以增值税为主体的新流转税制度。1984 年 10 月 1 日,我国正式征收增值税,税率设有六档——6%、8%、10%、12%、14%和16%。[①] 1993 年 12 月国务院发布了《中华人民共和国增值税暂行条例》(国务院令 134 号),自 1994 年 1 月 1 日起,增值税税率改为两档——

---

① 《中华人民共和国增值税条例(草案)》(国发[1984]125 号)。

13%和17%,确立了在生产和流通环节普遍征收增值税并实现价外计税的办法,明确规定了允许扣除的增值税范围,建立了凭专用发票注明税款扣税的制度。自1994年以来,增值税收入保持稳定增长,在决定宏观财政收入、国民经济发展中扮演了重要的角色,对微观经济体的经营成本产生了重要影响。

本节的主要研究内容分为两个部分:第一个部分是实证检验增值税与公司价值之间的关系,不同税种的信息在解释公司价值上的区别,以及增值税信息是否具有增量信息,对资本市场上的投资者是否具有决策有用性。第二个部分利用2012年起步的"营改增"政策进行事件研究,检验增值税对公司在资本市场上的股价的影响。

一、理论分析与研究假说

关于所得税与公司价值的研究成果已较为丰富。MM模型(Modigliani Miller Models)建立了一个包括企业所得税和个人所得税在内的模型来讨论负债杠杆对公司价值的影响。在这个模型框架下,国内许多文献探讨了我国公司资本结构和企业所得税之间的关系(王素荣和张新民,2006;吴联生和岳衡,2006;贺伊琦,2009)。Desai 等(2007)、Desai 和 Dharmapala(2006,2009)、李新等(2007)引入了公司治理这一因素,讨论了企业所得税对公司治理的重要作用,从而对公司价值的影响,并从这个角度解释了Weisbach(2002)提出的公司避税不足之谜(Undersheltering Puzzle)。Jorgenson 和 Hall(1967)、Cummins 等(2004)、朱国才和李一智(2007)、李成(2008)、张琦生(2012)探讨了税收政策对公司财务决策的影响,包括对公司投资活动和债务融资决策的影响,从而对公司价值的影响。另有一部分文献探讨了避税与公司价值的关系。王跃堂等(2009)发现市场对成功避税的公司会给予正面反应,而米旭明和黄黎明(2011)没有发现公司参与避税的程度会对公司价值产生影响。上述文献主要讨论的是所得税与公司价值的关系,但较少讨论增值税与公司价值的关系。

目前较少有文献检验增值税与公司价值的关系,究其原因,主要有两个方面:一方面,数据限制。目前的上市公司只在资产负债表中披露"应交税费"科目,虽然公司会在报表中披露"应交税费"中增值税的期初、期末余额,但是增值税应纳税额信息既没有反映在损益表中,也没有进入现金流量表,即现行的财务报表体系没有体现公司当期缴纳的增值税总额信息。另一方面,认为增值税是价外税,由购买方承担,并不会影响公司的价值。虽然增值税是价外税,不作为利润表的相关科目反映在财务报表中,但是与企业所得税类似,增值税的税基也是一种对收入进行调整的过程,而且税收经济学也表明,当公司无法转嫁增值税税负时,公司就成为增值税的纳税主体。因此,增值税价外计税的征收办法并不一定意味着增值税与公司之间的无关性。

增值税是否会影响公司价值,有待实证检验。增值税与企业所得税具有相通之处,他们都是以收入项目为起点,扣除依照税法规定的可抵扣项目后计算税基,再乘以相应的税率,计算最终的应纳税额。因此,研究增值税可以借鉴所得税的研究方法,并与所得税进行比较,有助于更全面地理解税在经济组织中扮演的角色。

增值税与所得税之间又有鲜明的不同。增值税是间接税,而所得税是直接税。间接税与直接税的区别在于税负可否转嫁,也就是税收的经济负担归属。直接税是指直接向个人劳动、公司收入、投资所得或财产征税,纳税义务人就是税收的实际负担人,较难进行税负转嫁;相反,间接税可以通过提高价格,将税款加在所销售商品的价格上,把税收负担转嫁给客户,纳税义务人未必是税收的实际负担人。综上所述,作为间接税,公司可以将增值税税负转嫁出去,缴纳的增值税高未必意味着公司的税负高,而作为直接税的所得税则不具有这一特点,因此有必要区分增值税与所得税,并对其进行深入研究。

从增值税的计算公式(增值税应纳税额＝增值税当期销项税额－增值税当期进项税额)中不难看出,增值税缴纳金额与两项相关:一是增值税当期销项税额,二是增值税当期进项税额。前者主要与销售收入相关,后者主要与采购成本相关。一家公司缴纳高额的增值税:一方面可能是其增值税当期销项税额较高,意味着公司销售能力较强,这对公司价值有正向作用;另一方面可能是增值税当期进项税额较低,意味着公司采购成本较低,对公司价值也有正向作用,可能反映了公司获得进项税抵扣发票较少,增值税筹划能力弱,对公司价值有负向作用。缴纳高额增值税,可能是销售能力强的表现,对公司价值有正向作用,也可能是其增值税税收筹划能力较弱的表现,对公司价值既有正向作用,也有负向作用。同理,公司缴纳的增值税低,即销项税低、进项税高,一方面反映公司的增值能力弱,会降低公司价值;另一方面可能是公司占用了供应商的资金,节约了公司现金流,对公司价值有正向作用。因此,增值税缴纳额与公司价值之间的关系需要实证检验。

基于以上分析,提出假说如下:

假说7.3(a):增值税缴纳额与公司价值正相关。

假说7.3(b):增值税缴纳额与公司价值负相关。

以往关于税务信息的决策有用性的研究以所得税信息研究较为丰富。Beaver和Dukes(1972)、Amir等(2001)、Amir等(1997)均认为企业所得税信息(包括递延所得税信息)具有价值相关性,基于资产负债表债务法的递延所得税资产、负债的确认对公司会计信息质量存在双重性影响,它既可以传递管理层关于公司未来盈利状况预测和现金流量的私有信息(Amir和Sougiannis,1999),也可以作为公司盈余管理的工具(胥宗乾,2011)。进一步研究对递延所得税资产与负债的估值(Nurnberg,1972;Petree等,1995)、递延所得税信息在识别盈余管理中的作用(Phillips等,2003)、会税差异对审计师的影响(张人骥和袁瑜,2015;谭青和鲍树深,2015;钱春杰和周中胜,2007)等话题展开了丰富的探讨。

但是资本市场上的报表使用者是否关注增值税信息尚未有实证研究。根据上文分析,增值税的缴纳额是公司创造增值能力的信号,以及其占用供应商资金、进行税收筹划能力的信号。另外,作为间接税,增值税的可转嫁性意味着其缴纳额未必是公司的真实税负。资本市场投资者是否关注增值税信息,增值税信息是否有增量信息,对投资者具有决策有用性,需要进一步的实证检验。

基于以上分析,提出假说如下:

假说7.4(a):增值税信息对公司股价没有增量解释力。

假说7.4(b):增值税信息对公司股价有增量解释力。

二、研究设计

（一）实证模型

本节在 Ohlson 剩余收益模型的基础上，检验税收相关信息的披露是否会增加对资本市场上股价的解释力。Ohlson(1995)将会计信息与资本市场上对公司的估值联系起来。Ohlson 模型的基本实证回归模型为 $P_{i,t} = \alpha_0 + \alpha_1 BV_{i,t} + \alpha_2 Earnings_{i,t} + \varepsilon$，其中 P 为股价，即资本市场上对公司的估值，BV 为公司每股总资产账面价值，$Earnings$ 为公司的每股盈余。在此模型基础上加入公司的税收信息。为了检验增值税与公司价值是否存在相关关系，建立具体回归模型如下：

$$MV_{i,t} = \alpha_0 + \beta_1 BV_{i,t} + \beta_2 OPINCOME_{i,t} + \beta_3 GROWTH_{i,t} \\ + \beta_4 SIZE_{i,t} + \beta_5 LEV_{i,t} + \beta_6 PRVT_{i,t} + \varepsilon_{i,t} \quad (7.6)$$

$$MV_{i,t} = \alpha_0 + \beta_1 ALLTAX_{i,t} + \beta_2 BV_{i,t} + \beta_3 OPINCOME_{i,t} + \beta_4 GROWTH_{i,t} \\ + \beta_5 SIZE_{i,t} + \beta_6 LEV_{i,t} + \beta_7 PRVT_{i,t} + \varepsilon_{i,t} \quad (7.7)$$

$$MV_{i,t} = \alpha_0 + \beta_1 CIT_{i,t} + \beta_2 BT_{i,t} + \beta_3 BV_{i,t} + \beta_4 OPINCOME_{i,t} \\ + \beta_5 GROWTH_{i,t} + \beta_6 SIZE_{i,t} + \beta_7 LEV_{i,t} + \beta_8 PRVT_{i,t} + \varepsilon_{i,t} \quad (7.8)$$

$$MV_{i,t} = \alpha_0 + \beta_1 VAT_{i,t} + \beta_2 CIT_{i,t} + \beta_3 BT_{i,t} + \beta_4 BV_{i,t} + \beta_5 OPINCOME_{i,t} \\ + \beta_6 GROWTH_{i,t} + \beta_7 SIZE_{i,t} + \beta_8 LEV_{i,t} + \beta_9 PRVT_{i,t} + \varepsilon_{i,t} \quad (7.9)$$

在模型中，以上市公司在资本市场上的每股股价（$Price_{i,t}$）为被解释变量，作为公司价值的替代变量。在回归模型(7.6)中，解释变量是以往文献中普遍认为与公司价值相关的控制变量，包括账面价值（BV）、经营利润（$OPINCOME$）、成长性（$GROWTH$）、公司规模（$SIZE$）、财务杠杆（LEV）以及股权性质（$PRVT$）。在模型(7.6)中，不放入任何税务信息。在模型(7.7)中，放入解释变量总税负（$ALLTAX$），以检验公司现金流量表中披露的总税负是否与公司价值相关。在模型(7.8)中放入公司财务报表中披露的税务信息，包括营业税金及附加（BT）以及企业所得税支出的信息（CIT）。模型(7.9)中增加增值税支出（VAT）的信息。

通过检验模型(7.9)中解释变量增值税(VAT)的系数符号以及是否显著,实证检验假说 7.3,即检验增值税缴纳额与公司价值的相关关系。通过 Vuong 检验模型(7.6)、模型(7.7)、模型(7.8)和模型(7.9)的拟合度是否存在显著差异,检验税收信息是否对股价有增量解释力,资本市场投资者是否关注公司的税务信息。

(二)主要变量定义

有关上市公司缴纳增值税的信息披露的规定,经历了一些变化。目前的上市公司只在资产负债表中披露"应交税费"科目,报表使用者可以查看附注以获取应交税费中增值税的期初、期末余额,但是增值税信息不体现在损益表中,也不进入现金流量表,没有直接披露公司当期缴纳的增值税总额的信息,因此本节通过倒推的方式计算增值税税负,具体而言,是根据现金流量表中的"支付的各项税费"扣除所得税税负、营业税金及附加后的余额作为增值税的代理变量。其余各变量的定义与计算方法参见表 7.6。

表 7.6　　　　　　　　　变量定义及计算方法

变量	含义	计算方法
ALLTAX	总税负	现金流量表中的"支付的各项税费"÷股本
CIT	所得税支出	所得税费用－递延所得税资产减少－递延所得税负债增加 股本
VAT	增值税支出	总税金支出扣除所得税支出和营业税金及附加后的余额除以股本
BT	营业税金及附加	利润表中的"营业税金及附加"÷股本
MV	市场价值	公司每股市场价值
OPINCOME	经营利润	经营收入－各项费用
GROWTH	成长性	营业收入增长速度
LEV	财务杠杆	短期负债＋长期借款＋应付债券 总资产

续 表

变 量	含 义	计 算 方 法
SIZE	规模	平均总资产取自然对数
BV	每股总资产	期末总资产÷股本
PRVT	控股权性质	虚拟变量,最终控制人为县级以下部门或自然人取1,否则为0

三、实证结果与分析

(一) 样本选择及变量的描述性统计

2007年我国新会计准则开始实施,要求上市公司按照资产负债表债务法确认所得税费用,因此本节的主要回归结果选定的研究区间为2008年至2015年,并剔除了金融行业、净资产为负和相关变量缺失的样本。表7.7为主要变量的描述性统计。总税负支出(ALLTAX)的平均值为0.349,而增值税支出(VAT)远高于所得税支出(CIT),前者的平均值为0.184,后者的平均值为(0.097)。

表 7.7　　　　　　　　　　主要变量的描述性统计

变 量	样 本	均 值	标准差	最小值	中位数	最大值
ALLTAX	12 753	0.349	0.362	0.006 50	0.233	1.898
VAT	12 753	0.184	0.233	−0.230	0.116	1.255
CIT	12 753	0.097 3	0.116	−0.005 10	0.061 5	0.653
MV	12 753	15.68	15.01	0.830	11.26	224
OPINCOME	12 753	0.481	0.567	−0.796	0.365	2.695
GROWTH	12 753	0.183	0.498	−0.686	0.106	3.473
LEV	12 753	0.172	0.152	0	0.148	0.589
SIZE	12 753	21.81	1.241	19.12	21.66	25.25
BV	12 753	9.037	6.318	1.232	7.354	32.84
PRVT	12 753	0.589	0.492	0	1	1

（二）增值税与公司价值

表 7.8 是检验公司税负与公司市场价值（MV）关系的回归结果。第(1)列是 Ohlson 基本模型的回归结果，公司的账面价值及经营利润与公司价值是正相关的。第(2)、(3)、(4)、(5)列分别是没有税收信息、总税收信息、细分税收信息与市场价值的回归结果。第(2)列的回归模型中，没有放入税收信息，调整后 R^2 为 0.451，解释变量中账面价值（BV）、经营利润（OPINCOME）、营业收入增速（GROWTH）与公司的市场价值显著正相关，公司规模（SIZE）和财务杠杆（LEV）则与市场价值显著负相关；另外，非国有控股的公司的市场价值更高。第(3)列中，增加解释变量总体税负（ALLTAX），该税收信息是现金流量表中披露的"支付的各项税费"信息，系数并不显著，表明现金流量表中的税收信息对股价没有显著的解释力，Vuong 检验发现第(2)列与第(3)列中的拟合度调整后 R^2 没有显著差异（Vuong Z 统计值=-0.037 6；P 值=0.970 0），表明现金流量表中的"支付的各项税费"对资本市场上的报表使用者而言没有显著的增量信息。第(4)列将公司税负细分为财务报表中披露的企业所得税（CIT）和营业税金及附加（BT）。第(5)列中增加的增值税（VAT）和所得税（CIT）的系数均在 1% 水平上显著为正，分别为 3.400 和 14.947，并且检验表明两个系数之间存在显著差异（P 值为 0.000 0），也就是说，增值税与公司股价之间的关系显著弱于所得税与公司股价之间的关系。增值税缴纳额背后是公司在产品市场上创造增加值的能力，而所得税缴纳额背后是公司在扣除经营成本、资产的折旧消耗、支付给员工的薪酬、支付给债权人的利息、划分给国家的税收后，归属股东的收益。前者与股东利益的关系不如后者紧密，因此 VAT 的系数显著小于 CIT 的系数，这也表明增值税与所得税向资本市场传递的信息有重合部分，但并不完全相同。营业税金及附加的现金支出（BT）的回归系数为-8.059，在 1% 水平上显著为负，由于营业税金的支出与收入直接相关，因此该项支出的大小仅能体现公司收入的完成程度，并不能反映公司的价值创造能力，营业税金支出更多地体现现金流出效应。

表 7.8 税收与公司市场价值的关系

变 量	(1) MV	(2) MV	(3) MV	(4) MV	(5) MV
ALLTAX			0.039 (0.08)		
VAT					3.400*** (4.45)
CIT				15.371*** (7.35)	14.947*** (7.22)
BT				−8.156*** (−5.34)	−8.059*** (−5.34)
BV	0.041*** (12.13)	0.468*** (15.40)	0.467*** (13.54)	0.468*** (15.30)	0.426*** (12.92)
OPINCOME	11.246*** (52.62)	8.621*** (26.82)	8.610*** (26.20)	6.725*** (20.64)	6.424*** (19.45)
GROWTH		0.653*** (3.45)	0.654*** (3.46)	0.678*** (3.58)	0.793*** (4.22)
LEV		−11.185*** (−15.41)	−11.174*** (−15.42)	−10.389*** (−15.50)	−10.053*** (−15.37)
SIZE		−2.819*** (−25.28)	−2.820*** (−25.72)	−2.768*** (−25.20)	−2.790*** (−25.54)
PRVT		1.094*** (6.36)	1.096*** (6.45)	1.031*** (6.16)	1.137*** (6.91)
Constant	5.928*** (7.87)	65.197*** (28.37)	65.212*** (28.85)	64.193*** (28.23)	64.515*** (28.46)
行业	控制	控制	控制	控制	控制
年度	控制	控制	控制	控制	控制
Observations	12 753	12 753	12 753	12 753	12 753
Adjusted R^2	0.384	0.451	0.451	0.457	0.459
F	304.9	135.2	132.7	131.7	130.0

注：括号中为回归系数的异方差稳健 t 值；*** 表示 1% 水平显著，** 表示 5% 水平显著，* 表示 10% 水平显著。

表 7.8 第(4)列中增加财务报表中直接披露的营业税金及附加以及企业所得税信息，拟合度调整后 R^2 为 0.457，第(5)列将增值税税收信息加入

回归模型,拟合度调整后 R^2 为 0.459,Vuong 检验发现第(4)列和第(5)列的拟合度调整后 R^2 存在显著差异(Vuong Z 统计值=−2.307 6,P 值=0.021 0)。检验结果表明,第(5)列的调整后 R^2 显著大于第(4)列,表明增值税信息对股价有增量解释力,资本市场上的报表使用者是关注公司增值税信息的。

第三节 "营改增"的市场反应

从世界范围来看,绝大多数国家采用的是增值税。在"营改增"以前,中国实行的是营业税和增值税共存的税制,而且与其他国家一次性地将营业税转为增值税的模式不同,我国实行的是将增值税实施范围逐步扩大至营业税行业。我国"营改增"改革的最终目的是通过优化税制,消除重复征税,深化社会分工,实现产业转型和升级。关于增值税改革的讨论是评估税制改革效应的重要主题,对此进行的理论与经验分析较为翔实,包括宏观层面税制改革对经济增长、财政收入、福利分配等方面的影响,以及微观层面增值税征管效率、税制改革对企业生产经营行为以及绩效方面的影响。本节将从企业整体税负变化的角度研究"营改增"的市场反应,及其与公司盈余价值相关性的关系。

一、理论分析与研究假说

中国的增值税是采用循序渐进的方式引入的。早期的增值税于1984 年实行,仅对特定的制造产品课征。一种税基更宽的增值税于1994 年实行,适用于除无形资产和不动产之外的所有商品和提供加工、修理修配劳务。这一制度(增值税制度Ⅰ)很快成为政府收入的主要来源。但是,它并不是完整的增值税,因为政府对其他服务的提供、无形资产和不动产的转让单独课征一项流转税——营业税。彼时的增值税也不构成普遍意义上的"增值税",因为固定资产采购中的进项税不得被用于抵扣销项税。

2009年,为了应对全球金融危机而推行的税制改革中,增值税制度Ⅰ被取代,固定资产采购中的进项税从此可获得抵扣,也就是"增值税转型"改革。新制度(增值税制度Ⅱ)下增值税和营业税共存的局面成为我国增值税与其他国家对商品和服务课征的完整增值税之间最大的差异。增值税和拥有庞大税基的流转税共存,对中国的增值税制度产生了巨大影响,例如,从整体上破坏增值税链条的连续性,也使得纳税人进入增值税网络从而连接进项抵扣链条的意愿减弱,与此同时,分析增值税归宿和增值税运行的量化标准也变得更加困难。

中国的营业税涉及一个规模庞大的制度。例如,需要缴纳营业税的行业许多是欧盟增值税制度的传统免税行业,即金融服务(包括银行贷款和不同形式的保险)、住宅地产的销售和租赁、医疗保障和教育。虽然课征营业税和增值税免税一样,将造成增值税链条的中断,但政府从中获得了重要的税源。与其他国家大多数的销售税或流转税相比,营业税的税基更宽。营业税也对跨境服务课征。中国经济模式下需要缴纳营业税的某些行业(如交通运输和建筑业)中,转包合同十分常见,因此给付链条中企业之间的关联非常密切,营业税税基被设计成具有检验增值税以减轻重叠征税的效果。相比其他国家被增值税取代的流转税,营业税因此呈现一定的优势,但是,它也因为制造更大范围的链条中断而破坏了中国增值税制度。

2011年,中国政府宣布一项为期四年的营业税改征增值税计划,在2016年之前对所有商品和服务实行一项全面的增值税。财政部和国家税务总局于2011年11月16日发布了《营业税改征增值税试点方案》,上海率先被选为"营改增"的改革试点地区,于2012年1月对交通运输业和现代服务业进行改革。改革试点于2012年扩大到全国另外八个省级行政单位,在2013年夏季覆盖全国,改革试点所覆盖的行业也在2013年逐渐扩大。

学者们普遍认为"营改增"有助于解决原先增值税抵税链条脱节的问题(汪德华和杨之刚,2009;施文泼和贾康,2010;欧涉远,2012;夏杰长和管永昊,2012)。潘文轩(2013)、孙磊(2012)、孙德红(2012)发现部分行业,如融资租赁和港口业务的流转税税负在"营改增"后有所上升。邵华璐和刘丽

(2018)认为"营改增"后,除了资本市场服务、货币金融服务两类金融企业的税收产出效率略低外,金融行业整体税收产出效率有所提升。马万里等(2018)认为造成有些行业在"营改增"后税负不降反升的主要原因是进项税额抵扣不足、适用税率提高、"即征即退"税收优惠无法完全落实。上海市发展改革研究院课题组发布的《2012年一季度上海服务业重点监测企业问卷调查报告》指出,从行业分类看,运输仓储业、文体娱乐业、水利环境业的税负有所增加,从整体数量来看,30%左右的企业认为"营改增"后税负反而上升了。这说明该次税制改革并非全面减税,而是结构性减税,并且减税效果与企业特质相关。

目前已有的相关文献主要从公司的流转税角度分析"营改增"的政策影响,但事实上,"营改增"除了会改变流转税税负外,也会影响公司的企业所得税。在对所得税的影响方面,营业税是"价内税",可以作为费用在企业所得税前扣除;而增值税是"价外税",不能作为企业所得税的税前扣除项目。因此,"营改增"会潜在影响企业所得税的税负。本节从企业整体税负变化的角度研究"营改增"的市场反应,及其与公司盈余价值相关性的关系。

为了直观地理解"营改增"对包括所得税在内的企业整体税负的影响,此处构建相应的理论模型,模型假设如下:

(1) 公司的经营策略不变,即不含税销售收入($SALE$)不变。

(2) 营业税税率为 τ_{BUS},增值税的销项税额税率为 τ_{VAT},企业所得税税率为 τ_C。

(3) 公司是增值税一般纳税人,其采购的原材料(PUR)和固定资产($CAPX$)也都来自增值税一般纳税人(其增值税税率为 τ_{VAT0})。

(4) 本期购进的所有原材料全部投于本期的生产活动,并且本期生产的产品和劳务在本期全部出清。

(5) 本期制造费用中的人工成本($Labor$)、销售费用和管理费用(SGA)保持不变,且不影响流转税。

(6) 本期采购的固定资产占现有固定资产的比例为 α,且所有固定资产以直线法计提折旧,折旧年限为 Y,残值为 0。

"营改增"前,公司缴纳的营业税与所得税之和为:

$$SALE \times \tau_{BUS} + \left\{ \left(SALE \times (1 + \tau_{BUS}) - \left[PUR \times (1 + \tau_{VAT0}) + Labor \right. \right. \right.$$
$$\left. \left. \left. + CAPX \times \frac{1 + \tau_{VAT0}}{Y} \right] - SALE \times \tau_{BUS} - SGA \right) \right\} \times \tau_C \quad (7.10)$$

"营改增"后,企业所缴纳的增值税与所得税之和为:

$$(SALE \times \tau_{VAT} - PUR \times \tau_{VAT0} - CAPX \times \alpha \times \tau_{VAT0})$$
$$+ \left[Sale - \left(PUR + Labor + \frac{CAPX}{Y} \right) - SGA \right] \times \tau_C \quad (7.11)$$

"营改增"降低公司整体税负,则要求:

$$\frac{PUR}{SALE} \times (1 - \tau_C) + \frac{CAPX}{SALE} \times \left(\alpha - \frac{1}{Y} \times \tau_C \right) > \frac{\tau_{VAT} - \tau_{BUS} \times (1 - \tau_C)}{\tau_{VAT0}}$$
$$(7.12)$$

很明显,$PUR/SALE$ 越大、$CAPX/SALE$ 越大、α 越大以及 τ_C 越小,则越容易满足式(7.12),即实现"营改增"后,公司整体税负下降。

关于"营改增"中采购成本、固定资产对流转税税负的影响在已有文献中已有较多研究结论,将分析落脚于企业所得税税率与"营改增"对公司税负影响之间的关系。

"营改增"除了对公司的流转税税负有影响外,还会影响税前利润。举个例子(如表7.9所示),假设某公司的销售收入不变,"营改增"前后均为200元,"营改增"前适用的营业税税率为5%,采购原材料100元,供应商是增值税一般纳税人,适用17%的增值税税率。由于"营改增"前,采购原材料取得的增值税进项税不能抵扣,因此原材料成本是价税合计117元,税前利润为73元;"营改增"后,收入不变,采购额也不变,但是采购原材料取得的进项税可以抵扣,这部分金额不计入成本,账上原材料成本为100元,增值税销项税额为34元,进项税额为17元,公司缴纳增值税17元,但这部分不进入损益表。因此,在销售收入不变的情况下,"营改增"会增加税前利润,这时,企业所得税税率越高,企业所得税税负就越高,公司的整体税负越重,公司价值越低。

表 7.9　　　　　　　　"营改增"对税前利润的影响　　　　　　　单位：元

项　　目	"营改增"前	"营改增"后
收入	200	200
营业税(5%)	10	—
原材料成本	117	100
税前利润	73	100

基于以上分析，提出假说如下：

假说 7.5：受"营改增"试点影响的公司，其企业所得税税率越低，累计超额收益越高。

如前所述，"营改增"在影响公司整体税负的同时，也会提高公司的净利润。如果"营改增"在提高净利润的同时，降低了公司的整体税负，投资者就会更加关注"营改增"对净利润的影响，盈余的价值相关性也就更高；相反，如果"营改增"在提高净利润的同时，公司的整体税负也上升了，公司支付税费的现金流出增加，那么投资者对于"营改增"所带来的净利润增加给予的定价会打折扣。

基于以上分析，提出假说如下：

假说 7.6："营改增"后，整体税负下降的公司，其盈余的价值相关性更高。

二、研究设计

(一) 样本选择

在确定哪些公司受"营改增"影响时，笔者检索了上市公司公布的 2012 年年度报告。如果上市公司的年度报告中提到"营改增"的影响，则无论其详细程度如何，均将该公司确定为受影响的样本。再选择同期年度报告中处于同行业但没有提到受"营改增"影响的公司作为控制样本。

在样本筛选过程中，剔除了公司所处行业为增值税纳税行业(制造业和商业)，以及金融业和"6＋1"试点行业以外的缴纳营业税的行业。其中，"6＋1"试点行业为交通运输业以及包括研发、信息技术、文化创意、物流辅助、有形动产租赁、鉴证咨询在内的现代服务业。最终确定 397 家样本公司，样本所处行业的分布见表 7.10。

表 7.10　　　　　　　　分行业的样本公司数量统计　　　　　　单位：家

所属行业	首批试点公司	次批试点公司	尚未试点公司	合计
交通运输、仓储业	6	31	36	73
信息技术业	9	45	92	146
房地产业	0	10	100	110
社会服务业	1	9	42	52
传播与文化产业	0	11	5	16
合计	16	106	275	397

（二）实证模型

以"营改增"首次试点政策的公布日和年报公布日为事件日，前者的市场反应衡量的是市场对"营改增"的政策效果的预期，后者的市场反应则可以体现"营改增"政策效果超市场预期的部分。

为检验企业所得税税率与"营改增"的市场反应之间的关系，建立回归模型(7.13)：

$$CAR\ I = \beta_0 + \beta_1 Taxrate + \beta_2 Pur + \beta_3 Capx + \beta_4 Fixed + \varepsilon \quad (7.13)$$

其中，$CAR\ I$ 为首次"营改增"试点颁布日前后 5 天的累计超额收益；$Taxrate$ 为企业所得税税率；Pur 为存货采购占销售收入的比重，即公司 2011 年现金流量表中的"购买商品、接受劳务支付的现金"与营业收入之比；$Capx$ 为固定资产占销售收入的比重，即除房屋建筑物以外的固定资产原值与营业收入之比；$Fixed$ 为当期采购的固定资产比重，取现金流量表中披露的"购建固定资产、无形资产和其他长期资产支付的现金"与固定资产原值之比。

为检验"营改增"与公司的盈余价值相关性的关系，建立回归模型(7.14)如下：

$$CAR\, II = \gamma_0 + \gamma_1 UNE + \gamma_2 Down + \gamma_3 UNE \times Down + \gamma_4 Treat$$
$$+ \gamma_5 UNE \times Treat + \gamma_6 Down \times Treat + \gamma_7 UNE \times Down$$
$$\times Treat + \gamma_8 Size + \gamma_9 Btm + \varepsilon \qquad (7.14)$$

其中，$CAR\, II$ 为公司 2012 年年报公布日前后 5 天的累计超额收益；UNE 为未预期盈余，即 2011 年和 2012 年扣除非经常性损益后净利润之差除以所有者权益进行标准化；$Treat$ 为虚拟变量，若是 2012 年"营改增"试点范围内的公司，则为 1，否则为 0；$Size$ 为市值的自然对数；Btm 为公司资产的账面价值与市场价值的比值的对数；$Down$ 也是虚拟变量，"营改增"后公司的实际税负小于"营改增"前的税负，则取值为 1，否则为 0。以季度报告（不少于 8 个季度）中的"支付的各项税费"（TAX_{it}）和营业收入（$SALE_{it}$）进行回归，得到式（7.15）的截距项和 $SALE_{it}$ 前的系数估计值，分别记为 $\hat{\alpha}_0$ 和 $\hat{\alpha}_1$。

$$TAX_{it} = \alpha_0 + \alpha_1 SALE_{it} + \varepsilon_{it} \qquad (7.15)$$

2012 年样本公司的预期税负和超额税负为：

$$E(TAX_{2012}) = \hat{\alpha}_0 + \hat{\alpha}_1 SALE_{2012} \qquad (7.16)$$
$$\Delta TAX_{2012} = TAX_{2012} - (\hat{\alpha}_0 + \hat{\alpha}_1 SALE_{2012}) \qquad (7.17)$$

如果 ΔTAX_{2012} 小于 0，则表示营业收入相同的情况下，"营改增"后公司的税负小于"营改增"前公司的税负，$Down$ 为 1，否则为 0。

回归模型（7.14）中，主要关注 $UNE \times Down \times Treat$ 的系数 γ_7。"营改增"后，相比整体税负不减反增的公司，整体税负能够下降的公司的盈余反应系数更大，则 γ_7 应该显著为正。

三、实证结果与分析

（一）描述性统计

表 7.11 是各变量的描述性统计。"营改增"试点颁布期超额累计收益（$CAR\, I$）的平均值为 2.57%，表明市场认为"营改增"对公司的利好消息有助于减轻税负。16 家首批试点公司、106 家次批试点公司和 275 家尚未试

点公司的平均累计超额收益分别为 3.63%、2.01% 和 2.69%，都显著为正。除了首批试点公司外，投资者预期该政策将会在全国范围内实行，相关的公司也就能够减轻税负，因此这些公司的累计超额收益也是显著为正的。作为实际受益者的首批试点公司，其累计超额收益是最大的。$CARI$ 最小值为 −15.86%，最大值为 23.75%，表明此次"营改增"是结构性减税，并非所有相关公司都能降低税负。$Taxrate$ 的均值约为 20.68%，其中 149 家公司享受了不同程度的优惠税率。$CARII$ 的均值为 2.42%，$Down$ 约为 20.97%，$Treat$ 的均值约为 30%，也就是说，在所有样本中，约有 30% 的公司进行了"营改增"，20.97% 的公司整体税负有所减轻。

表 7.11　　　　　　　　各变量的描述性统计

变 量	平均值	标准差	最小值	最大值
$CARI$	0.025 7	0.056 7	−0.158 6	0.237 5
$Taxrate$	0.206 8	0.060 1	0.000 0	0.250 0
Pur	0.809 3	1.159 6	0.051 5	11.447 2
$Capx$	0.564 3	1.169 2	0.004 2	7.524 1
$Fixed$	0.816 1	1.491 2	0.008 2	9.789 1
$CARII$	0.024 2	0.079 8	−0.105 9	0.439 4
UNE	−0.001 2	0.100 7	−1.021 1	0.718 4
$Down$	0.209 7	0.406 9	0.000 0	1.000 0
$Treat$	0.300 0	0.459 1	0.000 0	1.000 0
$Size$	21.918 3	0.897 8	20.137 5	25.048 9
Btm	−0.409 3	0.480 3	−2.136 7	0.430 1

（二）实证结果分析

表 7.12 是企业所得税税率与市场反应的关系。分别用 CAPM 模型和三因素模型来估计累积超额收益。第(1)列中 $Taxrate$ 的系数为 −0.220 6，且在 1% 水平上显著为负。第(2)列中 $Taxrate$ 系数为 −0.113 1，且在 5%

水平上显著为负。这表明企业所得税税率越低,投资者对公司"营改增"政策效应的反应越大,与假说 7.5 一致。

表 7.12　　　　　　　　企业所得税税率与市场反应的回归结果

变　量	(1) $CAPM$	(2) 三因素模型
$Taxrate$	−0.220 6*** (−4.469)	−0.113 1** (−2.363)
Pur	0.003 4 (1.038)	0.001 7 (0.736)
$Fixed$	−0.002 4 (−1.209)	−0.001 9 (−1.097)
$Capx$	−0.002 3 (−1.430)	−0.001 1 (−0.429)
$Constant$	0.068 2*** (6.843)	0.027 3** (2.512)
$Observations$	397	397
R^2	0.058	0.017

注:括号中为回归系数的异方差稳健 t 值;*** 表示 1% 水平显著,** 表示 5% 水平显著,* 表示 10% 水平显著。

表 7.13 是"营改增"政策效果与公司盈余价值相关性关系的回归结果。$UNE \times Down \times Treat$ 在第(1)列和第(2)列中的系数均显著为正,与假说 7.6 一致。"营改增"增加了公司的会计盈余,但是不同公司的整体税负有增有减,投资者更重视整体税负有所下降的公司的盈余,其盈余价值相关性更高。另外,$Down$ 的系数是不显著的,而 $Down \times Treat$ 的系数显著为正,表明与尚未实施"营改增"的公司相比,"营改增"试点使得公司的整体税负有所减轻,投资者会调整预期,给公司更高的估值。

表 7.13　　　　　　"营改增"政策效果与公司盈余价值相关性的回归结果

变　量	(1) $CAPM$	(2) 三因素模型
UNE	0.005 1 (0.079 7)	0.023 2 (0.299)

续 表

变　量	(1) CAPM	(2) 三因素模型
$Down$	−0.007 8 (−0.621)	−0.006 9 (−0.514)
$UNE \times Down$	0.187 3 (0.870)	0.195 8 (0.902)
$Treat$	0.001 7 (0.181)	0.003 8 (0.427)
$UNE \times Treat$	−0.043 5 (−0.283)	−0.032 4 (−0.218)
$Down \times Treat$	0.041 1* (1.832)	0.037 1* (1.667)
$UNE \times Down \times Treat$	0.871 0** (2.399)	0.830 9** (2.257)
$Size$	−0.007 9* (−1.715)	−0.006 5 (−1.023)
BTM	−0.007 6 (−0.648)	−0.005 2 (−0.536)
$Constant$	0.201 5* (1.895)	0.117 6 (1.183)
样本数	320	320
R^2	0.078	0.071

注：括号中为回归系数的异方差稳健 t 值；*** 表示 1% 水平显著，** 表示 5% 水平显著，* 表示 10% 水平显著。

第四节　本 章 小 结

增值税是我国的第一税种，保证增值税的稳定征缴对国家的财政收入具有重要意义，也会影响国民经济的发展。对于微观层面的公司而言，增值税是影响其经营、投资、融资决策的因素。在本章中，首先检验企业所得税信息与公司价值之间的关系，接着检验增值税与公司价值之间的关系，然后检验增值税信息对股价的增量解释力，最后利用"营改增"进行事件研究，从整体税负的角度讨论了"营改增"对税负的影响,并且从实证角度考察了"营改增"政策对公司价值的影响。

本章第一节检验了我国上市公司税务管理行为对财务报告质量和公司的影响。在理论分析和对制度背景深入分析的基础上,根据中国上市公司的季度财务报告数据构造了会计税法一致性指标,检验了其对盈利持续性的影响,并结合我国税务监管环境的变化,考察了会计税法一致性指标和公司价值的相关性。实证结果表明,公司会计税法一致性越高,其盈利(现金流量)持续性越强,会计信息质量提高。而且,在严格的税收监管环境下,提高会计税法一致性有助于降低税务稽查成本,从而增加公司价值。

本章第二节以 2008 年至 2015 年上市公司为样本,实证结果表明:(1)基于 Ohlson 的估值模型,税收信息,尤其是细分项增值税、企业所得税和营业税金及附加的信息均与股价相关,其中增值税和企业所得税缴纳额与公司股价正相关,而营业税金与股价负相关。增值税缴纳额背后是公司在产品市场上创造增加值的能力,而所得税缴纳额背后隐含的是公司在扣除经营成本、资产的折旧消耗、支付给员工的薪酬、支付给债权人的利息、划分给国家的税收后,归属股东的收益。两者向资本市场传递的信息有所不同,亦有重合部分。(2)回归模型中增加增值税信息会提高拟合度,表明增值税信息对股价具有增量解释力,资本市场上的投资者是关注公司增值税信息的。

本章第三节以 2012 年与"营改增"相关行业的上市公司为样本,实证检验市场对"营改增"政策的反应,发现"营改增"后,市场预期公司税负会减轻,有利于公司价值的增长,并且公司的企业所得税税率越低,累计超额收益越高。此外,进一步检验了"营改增"的政策效果与公司的会计盈余价值相关性的关系。在"营改增"过程中,不仅盈余增加,而且整体税负有所减轻的公司,其盈余价值相关性更高。

斯科尔斯和沃尔夫森在公司税务研究领域的经典著作《税收与企业经营战略:筹划方法》中提出,在分析公司税收相关决策时,不仅要考虑特定税种对公司的影响,而且要分析其他税种潜在的影响。本章的研究结果表明,即使增值税是价外计征的,与公司价值也是相关的,进一步,在考虑税收政策对公司税负的影响时,要考虑公司的整体税负变化。

第八章 结论与展望

本书提供了丰富的增值税环境下公司财务与会计研究的成果:

第一,结合我国税制特征,分析我国公司的税收成本特征,并且深入研究公司增值税的黏性特征。第四章的实证结果发现:(1)在我国以增值税为主体的税制结构下,公司的不同盈余项目所承担的税种、税负是有区别的,也就是说,税收成本与公司的盈余结构是相关的,管理层对不同盈余项目进行操纵,会导致不同的增值税、所得税的税收成本,影响公司的税负现金流出;(2)上市公司增值税与所得税都存在税负黏性,营业税不存在税负黏性;(3)金税工程二期落实后,加强对增值税的监管,增加了公司增值税税负黏性,纳税大户的税负黏性更强;(4)政企关系较强的公司,其增值税税负黏性相对较高;(5)公司面临的经营不确定性较高时,增值税税负黏性显著降低;(6)各省上市公司的税负黏性高低与各地税收超 GDP 增长的幅度正相关。

第二,第五章在公司不同会计盈余所承担的税种以及税负水平存在差别的基础上,检验了公司的税收成本对公司经营决策的影响。首先,检验了公司在存在扭亏为盈以避免带上"ST"帽子的动机时,会倾向于选择能增加与增值税无直接关系的所得税项目的经营决策或盈余管理,在达到盈余管理目标的前提下,减少盈余管理带来的税收成本。进一步检验结果表明,由于海外销售的增值税可以享受增值税"免、抵、退"的优惠政策,因此海外销售收入多的公司会更多地对增值税项目进行盈余管理。其次,检验了产权性质对盈余管理决策的影响。非国有控股上市公司避税动机更强,在进行盈余管理时,更倾向于操纵税收成本更低的所得税项目。最后,实证检验了公司盈余管理与税负黏性的关系,结果表明增值税相关盈余质量越差,公司增值税黏性越大;但是向上操纵增值税相关盈余,增值税税负黏性越低。

第三,第六章将税负区分为增值税和企业所得税,检验公司的预期税负与投资的关系,并且从国有股权与非国有股权之间的代理问题出发,讨论税收在不同产权下对投资的不同影响。实证结果发现公司预期税负与投资之间负相关,预期税负会抑制公司的投资。将公司税负区分为增值税和企业所得税后,发现预期增值税会显著抑制公司的投资,而预期所得税税负并没有显著抑制公司的投资。实证结果还发现国有控股公司的投资-预期税负敏感性低于民营控股公司。

第四,第七章检验了企业所得税、增值税与公司价值的关系:(1)构造了上市公司税务管理的新指标——会计利润与应税所得一致性,并检验了该指标与盈利持续性和公司价值的相关性。通过对现有的公司税务管理指标的比较分析,会计税法一致性指标可以有效衡量公司持续性避税行为。会计税法一致性越高,表明公司未来的盈利能力和现金流量的可预期程度越高;随着税收监管程度的加强,会计税法一致性越高,税务管理行为对投资者造成的信息风险和代理成本越低,相应的公司价值也会随之增加。(2)基于Ohlson的估值模型,税收信息,尤其是细分项增值税、企业所得税和营业税金及附加的信息均与股价相关,其中增值税和企业所得税缴纳额与公司股价正相关,而营业税金与公司股价负相关。增值税缴纳额背后是公司在产品市场上创造增加值的能力,而所得税缴纳额背后隐含的是公司在扣除经营成本、资产的折旧消耗、支付给员工的薪酬、支付给债权人的利息、划分给国家的税收后,归属股东的收益。两者向资本市场传递的信息有所不同,亦有重合部分。(3)回归模型中增加增值税信息会提高拟合度,表明增值税信息对股价具有增量解释力,资本市场上的投资者是关注公司增值税信息的。(4)利用"营改增"政策进行事件研究,从整体税负的角度讨论了"营改增"对税负的影响,实证结果表明市场预期"营改增"会减轻公司税负,有利于公司价值的增长,并且公司的企业所得税税率越低,累计超额收益越高。进一步检验了"营改增"的政策效果与公司的会计盈余价值相关性的关系。"营改增"过程中,不仅盈余增加,而且整体税负有所减轻的公司,其盈余价值相关性更强。

本书的研究贡献主要是结合我国以流转税为主体的税制特征,在已有相关文献多以企业所得税为研究角度的现状下,将流转税,尤其是增值税纳入公司会计与财务研究的范畴,丰富了相关文献,也为今后研究我国税制环境下的公司行为提供了一个新的分析视角。

本书的研究结果表明宏观税制对微观经济体的行为、决策有深远影响。现阶段,我国税制改革的重要特征是,在进行结构性减税的同时,加强税收监管,提高企业纳税遵从度,强化税收征管效率。未来结合我国税制改革环境,探讨税收监管在完善公司治理和促进资本市场发展中的作用,是非常必要的。

此外,作为法律制度的组成部分,税收监管的有效性不仅可以保证国家税收收入的稳定性,而且有助于减少公司的不合理避税行为,促使公司将资源投入生产和经营领域,推动经济的整体发展。同时,税收作为国家参与公司价值分配的形式,通过加强税收监管,约束控股股东和高管的代理行为,保护了中小股东的利益。在国内外现有研究成果以及本书研究发现的基础上,未来研究方向是系统分析税收监管政策和强度对公司财务决策、会计信息质量和公司价值的影响,探讨加强税收监管对完善公司治理结构和内部控制有效性的作用和途径。

参 考 文 献

[1] 安体富.如何看待近几年我国税收的超常增长和减税的问题[J].税务研究,2002(8).

[2] 安体富.当前世界减税趋势与中国税收政策取向[J].经济研究,2002(2).

[3] 白俊,连立帅.国企过度投资溯因：政府干预抑或管理层自利？[J].会计研究,2014(2).

[4] 蔡春,李明,和辉.约束条件、IPO盈余管理方式与公司业绩——基于应计盈余管理与真实盈余管理的研究[J].会计研究,2013(10).

[5] 曹崇延,王阿静.企业银行借款融资中的盈余管理研究——来自中国A股上市公司的经验证据[J].中南大学学报(社会科学版),2013(6).

[6] 曹书军,刘星,张婉君.财政分权、地方政府竞争与上市公司实际税负[J].世界经济,2009(4).

[7] 曹亚勇,王建琼,于丽丽.公司社会责任信息披露与投资效率的实证研究[J].管理世界,2012(12).

[8] 曾庆生,陈信元.国家控股、超额雇员与劳动力成本[J].经济研究,2006(5).

[9] 曾亚敏,张俊生.税收征管能够发挥公司治理功用吗？[J].管理世界,2009(3).

[10] 陈冬华,陈信元,万华林.国有企业中的薪酬管制与在职消费[J].经济研究,2005(2).

[11] 陈慧明.债务融资的盈余管理研究——来自中国上市公司长短期借款的经验证据[D].中山大学,2009.

[12] 陈琴.基于盈余管理动机视角的会计-税收差异研究——来自我国A股上市公司的经验证据[D].浙江工商大学,2010.

[13] 陈信元,靳庆鲁,肖土盛,张国昌.行业竞争、管理层投资决策与公司增长/清算期权价值[J].经济学(季刊),2014(1).

[14] 陈信元,张田余,陈冬华.预期股票收益的横截面多因素分析:来自中国证券市场的经验证据[J].金融研究,2001(6).

[15] 陈彦斌,陈惟.中国宏观税负的测算及启示[J].财经问题研究,2017(9).

[16] 陈艳艳,罗党论.地方官员更替与企业投资[J].经济研究,2012(S2).

[17] 陈烨,张欣,寇恩惠,刘明.增值税转型对就业负面影响的CGE模拟分析[J].经济研究,2010(9).

[18] 陈颖,吴璇.税务稽查选案存在的问题及指标体系选择[J].税务研究,2005(8).

[19] 陈运森,孟庆玉,袁淳.关系型税收优惠与税收政策的有效性:隐性税收视角[J].会计研究,2018,364(2).

[20] 陈钊,王旸."营改增"是否促进了分工:来自中国上市公司的证据[J].管理世界,2016(3).

[21] 程新生,谭有超,刘建梅.非财务信息、外部融资与投资效率——基于外部制度约束的研究[J].管理世界,2012(7).

[22] 程仲鸣,夏新平,余明桂.政府干预、金字塔结构与地方国有上市公司投资[J].管理世界,2008(9).

[23] 楚尔鸣.税收征纳关系演变研究[J].税务研究,2011(10).

[24] 戴德明,姚淑瑜.会计-税收差异及其制度因素分析——来自中国上市公司的经验证据[J].财经研究,2006(5).

[25] 戴德明,张妍,何玉润.我国会计制度与税收法规的协作研究——基于税会关系模式与二者差异的分析[J].会计研究,2005(1).

[26] 窦欢,张会丽,陆正飞.企业集团、大股东监督与过度投资[J].管理世界,2014(7).

[27] 杜晶,郭旭.经济波动、财务弹性与现金股利政策——来自沪深A股上市公司的经验证据[J].财会通讯,2016(3).

[28] 杜兴强,曾泉,杜颖洁.政治联系、过度投资与公司价值——基于国有上市公司的经验证据[J].金融研究,2011(8).

[29] 杜勇,陈建英.政治关联、慈善捐赠与政府补助——来自中国亏损上市公司的经验证据[J].财经研究,2016(5).

[30] 范子英,彭飞."营改增"的减税效应和分工效应:基于产业互联的视角[J].经济研究,2017(2).

[31] 方红生,张军.攫取之手、援助之手与中国税收超 GDP 增长[J].经济研究,2013(3).

[32] 方红星,张勇.供应商/客户关系型交易、盈余管理与审计师决策[J].会计研究,2016(1).

[33] 付文林,耿强.税收竞争、经济集聚与地区投资行为[J].经济学(季刊),2011(4).

[34] 付文林,赵永辉.税收激励、现金流与企业投资结构偏向[J].经济研究,2014(5).

[35] 管超,毕盛,胡援成.广义拉弗曲线在中国成立吗——基于省际 PSTR 的实证分析[J].当代财经,2018(2).

[36] 贺伊琦.所得税对中国上市公司资本结构的影响研究[D].东北财经大学,2009.

[37] 胡凯,吴清.税收激励、制度环境与企业研发支出[J].财贸经济,2018(1).

[38] 胡诗阳,陆正飞.非执行董事对过度投资的抑制作用研究——来自中国 A 股上市公司的经验证据[J].会计研究,2015(11).

[39] 胡旭阳.民营企业家的政治身份与民营企业的融资便利——以浙江省民营百强企业为例[J].管理世界,2006(5).

[40] 黄俊,李增泉.政府干预、企业雇员与过度投资[J].金融研究,2014(8).

[41] 贾俊雪.税收激励、企业有效平均税率与企业进入[J].经济研究,2014(7).

[42] 贾纬璇.增值税会计处理问题探析[J].国际税收,2009(4).

[43] 江龙,刘笑松.经济周期波动与上市公司现金持有行为研究[J].会计研究,2011(9).

[44] 江伟.金融发展、银行贷款与公司投资[J].金融研究,2011(4).

[45] 蒋义宏,李树华.证券市场会计问题实证研究[M].上海:上海财经大学出版社,1998.

[46] 金智.新会计准则、会计信息质量与股价同步性[J].会计研究,2010(7).

[47] 李彩霞,韩贤."营改增"政策会降低企业会计信息质量吗？——来自交通运输业上市公司的经验证据[J].税务与经济,2017(1).

[48] 李成.企业所得税改革对外资企业投资的影响研究[J].税务研究,2008(4).

[49] 李成.税收对我国企业投资影响的计量研究[D].厦门大学,2007.

[50] 李华,宋常.企业所得税率优惠对技术创新投入影响的实证分析——基于普通机械制造业上市公司的数据[J].税务研究,2013(4).

[51] 李培功,肖珉.CEO 任期与企业资本投资[J].金融研究,2012(2).

[52] 李姝,谢晓嫣.民营企业的社会责任、政治关联与债务融资——来自中国资本市场的经验证据[J].南开管理评论,2014(6).

[53] 李万福,杜静.税收优惠、调整成本与 R&D 投资[J].会计研究,2016(12).

[54] 李万福,林斌,宋璐.内部控制在公司投资中的角色:效率促进还是抑制?[J].管理世界,2011(2).

[55] 李维安,徐业坤.政治身份的避税效应[J].金融研究,2013(3).

[56] 李新,曹亮,席艳乐.中国新一轮企业所得税改革:一个公司治理的视角[J].管理世界,2007(8).

[57] 李心源,戴德明.税收与会计关系模式的选择与税收监管[J].税务研究,2004(11).

[58] 李延喜,包世泽,高锐.薪酬激励、董事会监管与上市公司盈余管理[J].南开管理评论,2007,10(6).

[59] 李增福,郑友环.避税动因的盈余管理方式比较——基于应计项目操控和真实活动操控的研究[J].财经研究,2010(6).

[60] 梁莱歆,冯延超.民营企业政治关联、雇员规模与薪酬成本[J].中国工业经济,2010(10).

[61] 廖晓靖,刘念.所得税优惠与关联企业转让定价的关系研究[J].财经研究,2000(1).

[62] 林毅夫,李志赟.政策性负担、道德风险与预算软约束[J].经济研究,2004(2).

[63] 林毅夫,李周.现代企业制度的内涵与国有企业改革方向[J].经济研究,1997(3).

[64] 刘崇珲,陈佩华.我国宏观税负和微观税负差异分析[J].税务研究,2018(4).

[65] 刘行,叶康涛.企业的避税活动会影响投资效率吗?[J].会计研究,2013(6).

[66] 刘行,李小荣.金字塔结构、税收负担与企业价值:基于地方国有企业的证据[J].管理世界,2012(8).

[67] 刘慧凤,曹睿.企业所得税制度改革对投资的激励效果——基于上市公司数据的实证检验[J].税务与经济,2011(3).

[68] 刘慧龙,王成方,吴联生.决策权配置、盈余管理与投资效率[J].经济研究,2014(8).

[69] 刘慧龙,吴联生,王亚平.国有企业改制、董事会独立性与投资效率[J].金融研究,2012(9).

[70] 刘金东,冯经纶.中国税收超GDP增长的因素分解研究——基于Divisia指数分解方法[J].财经研究,2014(2).

[71] 刘骏,刘峰.财政集权、政府控制与企业税负——来自中国的证据[J].会计研究,2014(1).

[72] 刘名旭,向显湖.不确定环境下的财务柔性理论及其本质[J].改革与战略,2014(4).

[73] 罗党论,刘晓龙.政治关系、进入壁垒与企业绩效——来自中国民营上市公司的经验证据[J].管理世界,2009(5).

[74] 罗党论,唐清泉.政治关系、社会资本与政策资源获取：来自中国民营上市公司的经验证据[J].世界经济,2009(7).

[75] 罗琼.税务会计独立模式下我国所得税差异协调研究[D].湘潭大学,2008.

[76] 吕冰洋,郭庆旺.中国税收高速增长的源泉：税收能力和税收努力框架下的解释[J].中国社会科学,2011(2).

[77] 马拴友.税收优惠与投资的实证分析——兼论促进我国投资的税收政策选择[J].税务研究,2001(10).

[78] 马拴友.我国的拉弗最高税率和最优税率估计[J].经济学家,2002,1(1).

[79] 马万里,李雪,吕敏."营改增"后部分行业税负不减反增的原因分析[J].公共财政研究,2018(1).

[80] 米旭明,黄黎明.企业所得税征管机构差异、税收遵从与公司价值——来自我国上市公司的经验证据[C].中国会计学会2011学术年会论文集,2011.

[81] 聂辉华,方明月,李涛.增值税转型对企业行为和绩效的影响——以东北地区为例[J].管理世界,2009(5).

[82] 欧涉远.增值税"扩围"对运输业税负的影响[J].东方企业文化,2012(1).

[83] 潘文轩."营改增"试点中部分企业税负"不减反增"现象释疑[J].财政研究,2013(1).

[84] 彭骥鸣,韩晓琴.营业税改征增值税研究的文献综述[J].财政经济研究,2012(6).

[85] 平新乔,梁爽,郝朝艳,张海洋,毛亮.增值税与营业税的福利效应研究[J].经济研究,2009(9).

[86] 钱春杰,周中胜.会计-税收差异,审计收费和"不清洁"审计意见[J].审计研究,2007(1).

[87] 乔睿蕾,陈良华.税负转嫁能力对"营改增"政策效应的影响——基于现金-现金流敏感性视角的检验[J].中国工业经济,2017(6).

[88] 邵华璐,刘丽."营改增"对金融业税收产出效率的动态影响分析[J].管理世界,2018,34(4).

[89] 施文泼,贾康.增值税"扩围"改革与中央和地方财政体制调整[J].财贸经济,2010(11).

[90] 宋文新,姚绍学.拉弗曲线的拓展与最优宏观税负[J].财政研究,2003(11).

[91] 孙德红."营改增"使港口企业税负"不降反升"的缘由及补救措施——港口企业营业税改征增值税试点方案解析[J].港口热点,2012(7).

[92] 孙钢.增值税"扩围"的方式选择——基于对行业和体制调整的影响性分析[J].地方

财政研究,2011(2).

[93] 孙吉乐."营改增"、企业利润率与企业创新[J].管理世界,2017(11).

[94] 孙磊.上海市融资租赁行业试点营业税改征增值税的利弊分析[J].金融实务研究,2012(7).

[95] 孙铮,刘浩.中国上市公司费用"黏性"行为研究[J].经济研究,2004(12).

[96] 谭青,鲍树琛.会计-税收差异能够影响审计收费吗?——基于盈余管理与税收规避的视角[J].审计研究,2015(2).

[97] 唐雪松,周晓苏,马如静.政府干预、GDP增长与地方国企过度投资[J].金融研究,2010(8).

[98] 田延.新中国税收制度变迁研究(1949—2008)[D].辽宁大学,2009.

[99] 万华林,朱凯,陈信元.税制改革与公司投资价值相关性[J].经济研究,2012(3).

[100] 汪德华,杨之刚.增值税"扩围"——覆盖服务业的困难与建议[J].税务研究,2009(12).

[101] 汪彤彤.企业所得税税负对企业投资的影响研究——基于制造业上市公司数据[D].浙江大学,2017.

[102] 王百强,孙昌玲,伍利娜,姜国华.企业纳税支出黏性研究:基于政府税收征管的视角[J].会计研究,2018(5).

[103] 王凤英,张莉敏.我国最优宏观税负实证研究——基于拉弗曲线理论[J].生产力研究,2013(2).

[104] 王剑锋.中央集权型税收高增长路径:理论与实证分析[J].管理世界,2008(7).

[105] 王晶晶.中国上市公司盈余达到或超过分析师盈利预测研究[D].复旦大学,2011.

[106] 王亮亮,王跃堂.企业研发投入与资本结构选择——基于非债务税盾视角的分析[J].中国工业经济,2015(11).

[107] 王亮亮,王跃堂.工资税盾、替代效应与资本结构[J].金融研究,2016(7).

[108] 王守坤,任保平.中国省级政府间财政竞争效应的识别与解析:1978—2006年[J].管理世界,2008(11).

[109] 王树岭,王北星,王明明.地方税务稽查选案指标与模型的分析和设计[J].税务研究,1997(12).

[110] 王素荣,张新民.资本结构和所得税税负关系实证研究[J].中国工业经济,2006(12).

[111] 王亚平,吴联生,白云霞.中国上市公司盈余管理的频率与幅度[J].经济研究,

2005(12).

[112] 王延明.上市公司所得税负担研究——来自规模、地区和行业的经验证据[J].管理世界,2003(1).

[113] 王义中,宋敏.宏观经济不确定性、资金需求与公司投资[J].经济研究,2014(2).

[114] 王跃堂,王亮亮,贡彩萍.所得税改革、盈余管理及其经济后果[J].经济研究,2009(3).

[115] 王跃堂,王亮亮,彭洋.产权性质、债务税盾与资本结构[J].经济研究,2010(9).

[116] 王震,刘力,陈超.上市公司被特别处理(ST)公告的信息含量与影响因素[J].金融研究,2002(9).

[117] 韦德洪,文静.证券分析师盈余预测与上市公司盈余管理[J].会计之友,2013(9).

[118] 魏明海,柳建华.国企分红、治理因素与过度投资[J].管理世界,2007(4).

[119] 吴联生,岳衡.税率调整和资本结构变动——基于我国取消"先征后返"所得税优惠政策的研究[J].管理世界,2006(11).

[120] 吴娜,于博,王博梓.市场化进程、创新投资与营运资本的动态调整[J].会计研究,2017(6).

[121] 吴文锋,吴冲锋,芮萌.中国上市公司高管的政府背景与税收优惠[J].管理世界,2009(3).

[122] 吴延兵.国有企业双重效率损失研究[J].经济研究,2012(3).

[123] 伍利娜,李蕙伶.投资者理解公司会计利润和应税利润的差异信息吗?[J].管理世界,2007(10).

[124] 席鹏辉.财政激励、环境偏好与垂直式环境管理——纳税大户议价能力的视角[J].中国工业经济,2017(11).

[125] 夏杰长,管永昊.现代服务业营业税改征增值税试点意义及其配套措施[J].中国流通经济,2012(3).

[126] 夏晶,陈建国,赵昺.我国税收增长中的征管因素与税收精细化管理目标分析[J].当代经济,2018,481(13).

[127] 肖轶伦,周倩倩.公司避税、产权性质与高管薪酬——基于我国上市公司的实证分析[J].安徽理工大学学报(社会科学版),2017,19(4).

[128] 肖作平.资本结构影响因素和双向效应动态模型——来自中国上市公司面板数据的证据[J].会计研究,2004(2).

[129] 谢贞发,范子英.中国式分税制、中央税收征管权集中与税收竞争[J].经济研究,

2015(4).

[130] 辛清泉,林斌,王彦超.政府控制、经理薪酬与资本投资[J].经济研究,2007(8).

[131] 胥宗乾.基于递延所得税负债的盈余管理研究[D].中央财经大学,2011.

[132] 徐倩.不确定性、股权激励与非效率投资[J].会计研究,2014(3).

[133] 徐业坤,钱先航,李维安.政治不确定性、政治关联与民营企业投资——来自市委书记更替的证据[J].管理世界,2013(5).

[134] 许伟,陈斌开.税收激励和企业投资——基于2004—2009年增值税转型的自然实验[J].管理世界,2016(5).

[135] 薛云奎,白云霞.国家所有权、冗余雇员与公司业绩[J].管理世界,2008(10).

[136] 燕晓春,梁若莲.2020年世界主要国家税收政策改革特点及展望——OECD《税收政策改革(2020)》报告评析[J].税收经济研究,2020,25(6).

[137] 姚洋,章奇.中国工业企业技术效率分析[J].经济研究,2001(10).

[138] 叶康涛.盈余管理与所得税支付:基于会计利润与应税所得之间差异的研究[J].中国会计评论,2006(2).

[139] 于文超,殷华,梁平汉.税收征管、财政压力与企业融资约束[J].中国工业经济,2018(1).

[140] 余雁刚.中国税收制度变迁研究[D].厦门大学,2002.

[141] 张会丽,陆正飞.现金分布、公司治理与过度投资——基于我国上市公司及其子公司的现金持有状况的考察[J].管理世界,2012(3).

[142] 张京萍,陈宇.美国税制研究[M].北京:经济科学出版社,2017.

[143] 张伦俊.税收对投资的影响分析[J].统计研究,1999,16(4).

[144] 张敏,刘耀淞,王欣.企业与税务局为邻:便利避税还是便利征税?[J].管理世界,2018,34(5).

[145] 张琦生.上市企业所得税、负债融资与投资决策影响关系研究[J].统计与决策,2012(8).

[146] 张人骥,袁瑜.审计师会区别对待会计-税收差异信息吗?——来自亏损上市公司的经验证据[J].中国会计评论,2015(1).

[147] 张晓东.政治成本、盈余管理及其经济后果——来自中国资本市场的证据[J].中国工业经济,2008(8).

[148] 张翼,李辰.股权结构、现金流与资本投资[J].经济学(季刊),2005(4).

[149] 张兆国,刘亚伟,杨清香.管理者任期、晋升激励与研发投资研究[J].会计研究,

2014(9).

[150] 赵景文,许育瑜.两税合并、税收筹划与盈余管理方式选择[J].财经研究,2012(1).

[151] 钟海燕,冉茂盛,文守逊.政府干预、内部人控制与公司投资[J].管理世界,2010(7).

[152] 周黎安,刘冲,厉行.税收努力、征税机构与税收增长之谜[J].经济学(季刊),2012(1).

[153] 朱国才,李一智.企业所得税对企业投资的影响分析[J].系统工程,2007,25(3).

[154] 朱凯,俞伟峰.控股权性质、债务税盾与上市公司股权融资偏好[J].财经研究,2010,36(12).

[155] 朱凯,孙红.税收监管、经营性关联交易与公司价值[J].财经研究,2014(7).

[156] Acemoglu, D.. Why Not a Political Coase Theorem? Social Conflict, Commitment, and Politics[J]. Journal of Comparative Economics, 2003, 31(4).

[157] Adhikari, A., Derashid, C. and Zhang, H.. Public Policy, Political Connections, and Effective Tax Rates: Longitudinal Evidence from Malaysia[J]. Journal of Accounting and Public Policy, 2006, 25(5).

[158] Allen, F., Bernardo, A. E. and Welch, I.. A Theory of Dividends Based on Tax Clienteles[J]. Journal of Finance, 2000, 55(6).

[159] Amir, E., Kirschenheiter, M., Willard, K.. The Valuation of Deferred Taxes [J]. Contemporary Accounting Research, 1997, 14(4).

[160] Amir, E., Sougiannis, T.. Analysts' Interpretation and Investors' Valuation of Tax Carryforwards[J]. Contemporary Accounting Research, 1999, 16(1).

[161] Amir, E. M. K., Willard, K.. The Aggregation and Valuation of Deferred Taxes [J]. Review of Accounting Studies, 2001, 6(2-3).

[162] Amir, E., Kirschenheiter, M., Willard, K.. The Valuation of Deferred Taxes [J]. Contemporary Accounting Research, 1997, 14(4).

[163] Anderson, M. C., Banker, R. D. and Janakiraman, S. N.. Are Selling, General, and Administrative Costs "Sticky"? [J]. Journal of Accounting Research, 2003, 41(1).

[164] Andrew B. Abel, Olivier J. Blanchard. The Present Value of Profits and Cyclical Movements in Investment[J]. Econometrica, 1986(54).

[165] Atwood, T. J., Ke, M. S., Myers, L. A.. Book-tax Conformity, Earnings Persistence and the Association between Earnings and Future Cash Flows[J].

Journal of Accounting and Economics, 2010, 50(1).

[166] Auerbach, A. J.. Tax Reform and Adjustment Costs, the Impact on Investment and Market, Value[J]. Nber Working Papers, 1986, 30(4).

[167] Ayers, B. C., Jiang, J. X., Laplante, S. K.. Taxable Income as A Performance Measure: The Effects of Tax Planning and Earnings Quality[J]. Contemporary Accounting Research, 2009, 26(1).

[168] Ayers, B. C.. Deferred Tax Accounting under SFAS No. 109: An Empirical Investigation of Its Incremental Value-relevance Relative to APB No. 11[J]. The Accounting Review, 1998, 73(2).

[169] Balsam, S., Halperin, R. and Mozes, H.. Tax Costs and Nontax Benefits: The Case of Incentive Stock Options[J]. Journal of the American Taxation Association, 1997(2).

[170] Bartov, E.. The Timing of Asset Sales and Earnings Manipulation[J]. Accounting Review, 1993(4).

[171] Beaver, W. H., Dukes, R. E.. Interperiod Tax Allocation, Earnings Expectations, and the Behavior of Security[J]. The Accounting Review, 1972, 47(2).

[172] Becker, B., Jacob, M.. Payout Taxes and the Allocation of Investment[J]. Journal of Financial Economics, 2013, 7(1).

[173] Berger, P. G.. Explicit and Implicit Tax Effects of the R&D Tax Credit[J]. Journal of Accounting Research, 1993, 31(2).

[174] Blinder, A. S.. Temporary Income Taxes and Consumer Spending[J]. Journal of Political Economy, 1981, 89(1).

[175] Blouin, J., Core, J. E. and Guay, W.. Have the Tax Benefits of Debt Been Overestimated? [J]. Journal of Financial Economics, 2010, 98(2).

[176] Bolton, P., Wang, N., Yang, J.. Investment under Uncertainty and the Value of Real and Financial Flexibility[M]. Social Science Electronic Publishing, 2014.

[177] Bowen, R. M., DuCharme, L. and Shores, D.. Stakeholders' Implicit Claims and Accounting Method Choice [J]. Journal of Accounting and Economics, 1995(3).

[178] Buchanan, J. M., Lee, D. R.. Politics, Time, and the Laffer Curve[J]. Journal of Political Economy, 1982, 90(4).

[179] Burgstahler, D., Eames, M.. Management of Earnings and Analysts' Forecasts to

Achieve Zero and Small Positive Earnings Surprises[J]. Journal of Business Finance & Accounting, 2010, 33(5-6).

[180] Bushman, R. M., Smith, A. J., Zhang, F.. Investment Cash Flow Sensitivities Really Reflect Related Investment Decisions[D/OL]. SSRN Electronic Journal, 2012.

[181] Chen, C., Su, X., Zhao, R.. An Emerging Market's Reaction to Initial Modified Audit Opinions: Evidence from the Shanghai Stock Exchange[J]. Contemporary Accounting Research, 2010(3).

[182] Chen, K. C. W., Danielson, M. G., Schoderbek, M. P.. Analysts' Interpretation of Transitory Earniys Components: Evidence from Forecast Revisions after Disclosure of the 1993 Deferred Tax Adjustment[J]. Journal of Accounting Auditing & Finance, 2003, 18(3).

[183] Chen., K. P., and Chu, Y. C.. Internal Control versus External Manipulation: A Model of Corporate Income Tax Evasion[J]. Journal of Economics, 2005, 1(36).

[184] Chen R. R., Ghoul S. E., Guedhami O., et al.. Corporate Governance and Tax Avoidance: Evidence from U.S. Cross-listing[D/OL]. Social Science Electronic Publishing, 2019.

[185] Chen, S., Chen, X., Cheng, Q., and Shevlin, T.. Are Family Firms More Tax Aggressive Than Non-family Firms?[J]. Journal of Financial Economics, 2010(95).

[186] Chen, S., Sun, Z., Tang, S., Wu, D.. Government Intervention and Investment Efficiency: Evidence from China[J]. Journal of Corporate Finance, 2011(2).

[187] Christopher, L., House, Matthew, D., Shapiro. Temporary Investment Tax Incentives: Theory with Evidence from Bonus Depreciation[J]. The American Economic Review, 2008, 98(3).

[188] Christopher S. Armstronga, Jennifer L. Blouina, Alan D. Jagolinzerb, David F. Larckerc. Corporate Governance, Incentives, and Tax Avoidance[J]. Journal of Accounting & Economics, 2015, 60(1).

[189] Cummins, J. G., Hassett, K. A., Hubbard, R. G.. A Reconsideration of Investment Behavior Using Tax Reforms as Natural Experiments[J]. Brookings Papers on Economic Activity, 1994(2).

[190] Cummins, J. G., Hassett, K. A., Hubbard, R. G.. Tax Reforms and Investment: A Cross-country Comparison[J]. Nber Working Papers, 2004, 62(1).

[191] Cummins, J. G., and Hassett, K. A.. The Effects of Taxation on Investment: New Evidence from Firm Level Panel Data[J]. National Tax Journal, 1992, 45(3).

[192] Cutler, D. M.. Tax Reform and the Stock Market: An Asset Price Approach [J]. American Economic Review, 2001, 78(5).

[193] Dan, S. D., Erickson, M., Trezevant, R.. A Test of the Theory of Tax Clienteles for Dividend Policies[J]. National Tax Journal, 1999(2).

[194] Deangelo, H., Masulis, R. W.. Leverage and Dividend Irrelevancy under Corporate and Personal Taxation[J]. Journal of Finance, 1980, 35(2).

[195] Deangelo, L. E.. Managerial Competition, Information Costs, and Corporate Governance: The Use of Accounting Performance Measures in Proxy Contests [J]. Journal of Accounting & Economics, 1988, 10(1).

[196] Deangelo, H. and Masulis, R. W.. Optimal Capital Structure under Corporate and Personal Taxation[J]. Journal of Financial Economics, 1980a, 8(1).

[197] Deangelo, H. and Masulis, R. W.. Optimal Capital Structure under Corporate and Personal Taxation[J]. Journal of Financial Economics, 1980b, 8(1).

[198] Dechow, P. M., Sloan, R. G.. Executive Incentives and the Horizon Problem: An Empirical Investigation[J]. Journal of Accounting & Economics, 1991, 14(1).

[199] Defond, M. L., Jiambalvo, J.. Debt Covenant Violation and Manipulation of Accruals[J]. Journal of Accounting & Economics, 1994, 17(1-2).

[200] Degeorge, F., Zeckhauser, R. J., Patel, J.. Earnings Management to Exceed Tresholds[J]. Journal of Business, 1999(1).

[201] Desai, M.. The Degradation of Reported Corporate Profits[J]. Journal of Economic Perspectives, 2005(19).

[202] Desai, M. A., Dharmapala, D.. Corporate Tax Avoidance and Firm Value [J]. Review of Economics & Statistics, 2009, 91(3).

[203] Desai, M. A., Dharmapala, D.. Corporate Tax Avoidance and High-powered Incentives [J]. Journal of Financial Economics, 2006, 79(1).

[204] Desai, M. A., Dyck, A., Zingales, L.. Theft and Taxes [J]. Journal of Financial

Economics, 2007, 84(3).

[205] Desai, M. and Dharmapala, D.. Tax and Corporate Governance: An Economic Approach[M]. Tax and Corporate Governance Springer Berlin Heidelberg, 2008.

[206] Desai, M. A. and Dharmapala, D.. Corporate Tax Avoidance and Firm Value [J]. Review of Economics & Statistics, 2009, 91(3).

[207] Desai, M., Dyck, A. and Zingales, L.. Theft and Taxes[J]. Journal of Financial Economics, 2007a, 84(3).

[208] Desai, M. A., Dyck, A. and Zingales, L.. Theft and Taxes[J]. Journal of Financial Economics, 2007b, 84(3).

[209] Dhaliwal, D. S., Trezevant, R. H., Wilkins, M. S.. Tests of a Deferred Tax Explanation of the Negative Association between the LIFO Reserve and Firm Value[J]. Contemporary Accounting Research, 2000, 17(1).

[210] Dhaliwal, D. S., Newberry, K. J. and Weaver, C. D.. Corporate Taxes and Financing Methods for Taxable Acquisitions[J]. Contemporary Accounting Research, 2005, 22(1).

[211] Dyreng, Hanlon, M., Maydew, E.. Long-run Corporate Tax Avoidance[J]. Accounting Review, 2008(83).

[212] Erickson, M., Hanlon, M., Maydew, E. L.. How Much Will Firms Pay for Earnings That Do Not Exist? Evidence of Taxes Paid on Allegedly Fraudulent Earnings[J]. Accounting Review, 2004(2).

[213] Faccio, M. and Xu, J.. Taxes and Capital Structure[J]. Journal of Financial and Quantitative Analysis, 2015, 50(3).

[214] Faccio, M., Masulis, R. W. and Mcconnell, J. J.. Political Connections and Corporate Bailouts[J]. Journal of Finance, 2006, 61(6).

[215] Falsetta, D., Rupert, T. J., Wright, A. M.. The Effect of the Timing and Direction of Capital Gain Tax Changes on Investment in Risky Assets[J]. Accounting Review, 2013, 88(2).

[216] Fama, E. F., French, K. R.. The Cross-section of Expected Stock Returns [J]. Journal of Finance, 1992, 47(2).

[217] Fama, E. F. and French, K. R.. Taxes, Financing Decisions, and Firm Value [J]. The Journal of Finance, 1998, 53(3).

[218] Francis, J. R., Reiter, S. A.. Determinants of Corporate Pension Funding Strategy [J]. Journal of Accounting & Economics, 1987(1).

[219] Franco, Modigliani, Merton, H. Miller. Corporate Income Taxes and the Cost of Capital: A Correction[J]. The American Economic Review, 1963, 53(3).

[220] Frischmann, P. J., Shevlin, T., Wilson, R.. Economic Consequences of Increasing the Conformity in Accounting for Uncertain Tax Benefits [J]. Journal of Accounting and Economics, 2008, 46(2-3).

[221] Fullerton, D., King, A. T., Shoven, J. B.. Corporate Tax Integration in the United States: A General Equilibrium Approach[J]. American Economic Review, 1981, 71(4).

[222] George, T. J., Hwang, C.. Long-term Return Reversals: Overreaction or Taxes? [J]. The Journal of Finance, 2007, 62(6).

[223] Gerald A. Feltham, James A. Ohlson.. Valuation and Clean Surplus Accounting for Operating and Financial Activities[J]. Contemperary Accounting Research, 1995, 11(2).

[224] Givoly, D., Hayn, C.. Taxes and Capital Structure: Evidence from Firms' Response to the Tax Reform Act of 1986[J]. Review of Financial Studies, 1992, 5(2).

[225] Graham, J. R.. Debt and the Marginal Tax Rate [J]. Journal of Financial Economics, 1996, 41(1).

[226] Graham, J. R.. How Big are the Tax Benefits of Debt? [J]. The Journal of Finance, 2000, 55(5).

[227] Graham, J. R.. Taxes and Corporate Finance: A Review[J]. Review of Financial Studies, 2003, 16(4).

[228] Graham, J. R., Lang, M. H. and Shackelford, D. A.. Employee Stock Options, Corporate Taxes, and Debt Policy[J]. The Journal of Finance, 2004, 59(4).

[229] Graham, J. R., Lemmon, M. L. and Schallheim, J. S.. Debt, Leases, Taxes, and the Endogeneity of Corporate Tax Status[J]. The Journal of Finance, 1998, 53(1).

[230] Graham, J. R., Raedy, J. S., and Shackelford, D. A.. Research in Accounting for Incometaxes[J]. Journal of Accounting and Economics, 2012, 53(1-2).

[231] Graham, J. R. and Tucker, A. L.. Tax Shelters and Corporate Debt Policy [J]. Journal of Financial Economics, 2016, 81(3).

[232] Guenther, D. A., Sansing, R. C.. Valuation of the Firm in the Presence of Temporary Book-tax Differences: The Role of Deferred Tax Assets and Liabilities [J]. The Accounting Review, 2000, 75(1).

[233] Guenther, D. A., Sansing, R. C.. The Valuation Relevance of Reversing Deferred Tax Liabilities[J]. The Accounting Review, 2004, 79(2).

[234] Gupta, S. and Newberry, K. Determinants of the Variability in Corporate Effective Tax Rates: Evidence from Longitudinal Data[J]. Journal of Accounting and Public Policy, 1997, 16(1).

[235] Hall, Robert E. Jorgenson, Dale W.. Tax Policy and Investment Behavier[J]. American Economic Review, 1967, 57(3).

[236] Hanlon, M., and E, Shevlin, T.. An Unintended Consequence of Book-tax Conformity: A Loss of Earnings Informativeness[J]. Journal of Accounting and Economics, 2008(46).

[237] Hanlon, M., Slemrod, J.. What Does Tax Aggressiveness Signal? Evidence from Stock Price Reactions to News about Tax Shelter Involvement[J]. Journal of Public Economics, 2009, 93(1).

[238] Hanlon, M.. The Persistence and Pricing of Earnings, Accruals, and Cash Flows When Firms Have Large Book-tax Differences[J]. The Accounting Review, 2005, 80(1).

[239] Hanlon, M., et al.. A Review of Tax Research[J]. Journal of Accounting and Economics, 2010, 50(2-3).

[240] Hanlon, M., Lester, R., Verdi, R.. The Effect of Repatriation Tax Costs on U. S. Multinational Investment [J]. Journal of Financial Economics, 2015, 116(1).

[241] Hanlon, M., Maydew. L., Thornock, J. R.. Taking the Long Way Home: U. S. Tax Evasion and Offshore Investments in U. S. Equity and Debt Markets [J]. The Journal of Finance, 2015, 70(1).

[242] Hassett, K. A., Newmark, K.. Taxation and Business Behavior: A Review of the Recent Literature [J]. Fundamental Tax Reform: Issues, Choices and

Implications, 2008(4).

[243] Healy, P. M., Wahlen, J. M.. A Review of the Earnings Management Literature and Its Implications for Standard Setting[J]. Social Science Electronic Publishing, 1999(4).

[244] Heider, F. and Ljungqvist, A.. As Certain as Debt and Taxes: Estimating the Tax Sensitivity of Leverage from State Tax Changes [J]. Journal of Financial Economics, 2015, 118(3).

[245] Hite, G. L., Long, M. S.. Taxes and Executive Stock Options [J]. Journal of Accounting & Economics, 1982(1).

[246] Holthausen, R. W., Larcker, D. F., Sloan, R. G.. Annual Bonus Schemes and the Manipulation of Earnings[J]. Journal of Accounting & Economics, 2004, 19(1).

[247] Hunt, A., Moyer, S. E., Shevlin, T.. Managing Interacting Accounting Measures to Meet Multiple Objectives: A Study of LIFO Firms[J]. Journal of Accounting & Economics, 1996(3).

[248] Jensen, M. C., Meckling, W. H.. Theory of the Firm: Managerial Behavior, Agency Costs and Ownership Structure [J]. Journal of Financial Economics, 1976(3).

[249] Jensen, M. C.. Agency Costs of Free Cash Flow, Corporate Finance, and Takeovers[J]. American Economic Review, 1999, 76(2).

[250] Johnson, W. B., Dan, S. D.. LIFO Abandonment[J]. Journal of Accounting Research, 1988(2).

[251] Jones, J. J.. Earnings Management during Import Relief Investigations[J]. Journal of Accounting Research, 1991, 29(2).

[252] Jorgenson, D. W.. Capital Theory and Investment Behavior [J]. American Economic Review, 1963, 53(2).

[253] Kemsley, D. and Nissim, D.. Valuation of the Debt Tax Shield[J]. The Journal of Finance, 2002, 57(5).

[254] Chen, Kevin, C., et al.. The 1993 Tax Rate Increase and Deferred Tax Adjustments: A Test of Functional Fixation [J]. Journal of Accounting Research, 2000, 38(1).

[255] Kim, J., Li, Y., Zhang, L.. Corporate Tax Avoidance and Stock Price Crash

Risk: Firm-level Analysis[J]. Journal of Financial Economics, 2011, 100(3).

[256] Klassen, K. J.. The Impact of Inside Ownership Concentration on the Trade-off between Financial and Tax Reporting[J]. Accounting Review, 1997(3).

[257] Kornai, J., Maskin, E., Roland, G.. Understanding the Soft Budget Constraint [J]. Journal of Economic Literature, 2003(4).

[258] Kornai, J.. The Soft Budget Constraint[J]. Kyklos, 1986(1).

[259] Kothari, S. P., Sloan, R. G.. Information in Prices about Future Earnings: Implications for Earnings Response Coefficients[J]. Journal of Accounting and Economics, 1992, 15(2-3).

[260] Kothari, S. P. and Warner, Jerold, B.. Econometrics of Event Studies[C]. Handbook of Corporate Finance: Empirical Corporate Finance, 2007(A).

[261] L. H. Summers. Inflation, Taxation and Corporate Investment: A Q-theory Approach[J]. National Bureau of Economic Research Working Paper, 1980, 600(604).

[262] Lev, B., Doron, N.. Taxable Income, Future Earnings, and Equity Values [J]. The Accounting Review, 2004, 79(4).

[263] Lin, J. Y., Cai, F., Li, Z.. Competition, Policy Burdens, and State-owned Enterprise Reform[J]. The American Economic Review, 1998(2).

[264] Lin, L. and Flannery, M. J.. Do Personal Taxes Affect Capital Structure? Evidence from the 2003 Tax Cut[J]. Journal of Financial Economics, 2013, 109(2).

[265] Mackie-Mason, J. K.. Do Taxes Affect Corporate Financing Decisions? [J]. The Journal of Finance, 1990, 45(5).

[266] Madeo, S., Omer, T.. The Effect of Taxes on Switching Stock Option Plans: Evidence from the Tax Reform Act of 1969[J]. Journal of the American Taxation Association, 1994, 16(24).

[267] Maydew, E. L., Schipper, K., Vincent, L.. The Impact of Taxes on the Choice of Divestiture Method[J]. Journal of Accounting & Economics, 1999(2).

[268] McGuire, S. T., Omer, T. C., Wilde, J. H.. Investment Opportunity Sets, Operating Uncertainty, and Capital Market Pressure: Determinants of Investments in Tax Shelter Activities? [J]. The Journal of the American Taxation

Association, 2014, 36(1).

[269] Michelle Hanlon, Shane Heitzman. A Review of Tax Research[J]. Journal of Accounting & Economics, 2010(50).

[270] Miller, M. H. and Scholes, M. S.. Dividends and Taxes[J]. Journal of Financial Economics, 1978, 6(4).

[271] Mills, L. F.. Book-tax Differences and Internal Revenue Service Adjustments [J]. Journal of Accounting Research, 1998, 36(2).

[272] Modigliani, F. and Miller, M.. Corporate Income Taxes and the Cost of Capital: A Correction[J]. American Economic Review, 1963(53).

[273] Morellec, E., Schürhoff, N.. Dynamic Investment and Financing under Personal Taxation[J]. Review of Financial Studies, 2010, 23(1).

[274] Myers, S. C., Majluf, N. S.. Corporate Financing and Investment Decisions When Firms Have Information That Investors Do Not Have[J]. Social Science Electronic Publishing, 1984, 13(2).

[275] Newberry, K. J.. Foreign Tax Credit Limitations and Capital Structure Decisions [J]. Journal of Accounting Research, 1998, 36(1).

[276] Nurnberg, H.. Discounting Deferred Tax Liabilities[J]. The Accounting Review, 1972, 47(4).

[277] Ohlson, J. A.. Earnings, Book Values, and Dividends in Equity Valuation[J]. Contemporary Accounting Research, 1995, 11(2).

[278] Petree, T. R., Gregory, G. J., Vitray, R. J.. Evaluating Deferred Tax Assets [J]. Journal of Accountancy, 1995, 179(3).

[279] Phillips, J., Pincus, M., Rego, S. O.. Earnings Management: New Evidence Based on Deferred Tax Expense[J]. The Accounting Review, 2003, 78(2).

[280] Rego, S.. Tax Avoidance Activities of U. S. Multinational Corporations [J]. Contemporary Accounting Research, 2003(20).

[281] Richardson, G. and Lanis, R.. Determinants of the Variability in Corporate Effective Tax Rates and Tax Reform: Evidence from Australia[J]. Journal of Accounting and Public Policy, 2007, 26(6).

[282] Robinson, L. A., Sansing, R.. The Effect of "Invisible" Tax Preferences on Investment and Tax Preference Measures [J]. Journal of Accounting and

Economics, 2008, 46(2-3).

[283] Robinson L. A., Schmidt A. P.. Firm and Investor Responses to Uncertain Tax Benefit Disdosure Requirements [J]. Journal of the American Taxation Association, 2013, 35(2).

[284] Ross, S.. The Determinant of Financial Structure: The Incentive Signalling Approach[J]. Bell Journal of Economics, 1977(8).

[285] Rountree, B., Weston, J., Allayannis, G.. Do Investors Value Smooth Performance? [J]. Journal of Financial Economics, 2008(3).

[286] Roychowdhury, S.. Earnings Management through Real Activities Manipulation [J]. Journal of Accounting and Economics, 2006(3).

[287] Salinger, M. A., Summers, L. H.. Tax Reform and Corporate Investment: A Microeconometric Simulation Study[J]. International Immunology, 2009, 10(5).

[288] Sansing, R.. Capsules and Comments: Valuing the Deferred Tax Liability[J]. Journal of Accounting Research, 1998, 36(2).

[289] Schmidt, A. P.. The Persistence, Forecasting, and Valuation Implications of the Tax Change Component of Earnings[J]. Accounting Review, 2006, 81(3).

[290] Scholes, M., M. Wolfson, M. Erickson, E. Maydew, and T. Shevlin.. Taxes and Business Strategy: A Planning Approach(2nd Edition)[M]. Prentice-Hall, Inc., Upper Saddle River, NJ, 2001.

[291] Shackelford, D., Shevlin, T.. Empirical Tax Research in Accounting[J]. Journal of Accounting and Economics, 2001, 31(1).

[292] Shleifer, A., Vishny, R. W.. Liquidation Values and Debt Capacity: A Market Equilibrium Approach[J]. Journal of Finance, 1992, 47(4).

[293] Shleifer, A. and Vishny, R. W.. Politicians and Firms[J]. Quarterly Journal of Economics, 1994, 109(4).

[294] Spence, M.. Job Market Signaling[J]. Quarterly Journal of Economics, 1973, 87(3).

[295] Stephen, H. Penman. Financial Statement Information and the Pricing of Earnings Changes [J]. The Accounting Review, 1992, 67(3).

[296] Stewart, C., Myers, Nicholas, S., Majluf. Corporate Financing and Investment Decisions When Firms Have Information That Investors Do Not Have [J]. Journal

of Financial Economics, 2001, 13(2).

[297] Stickney, C. P. and Mcgee, V. E.. Effective Corporate Tax Rates the Effect of Size, Capital Intensity, Leverage, and Other Factors[J]. Journal of Accounting and Public Policy, 1982, 1(2).

[298] Summers, L. H., Bosworth, B. P., Tobin, J., et al.. Taxation and Corporate Investment: A Q-theory Approach[J]. Brookings Papers on Economic Activity, 1981(1).

[299] Sweeney, A. P.. Debt-covenant Violations and Managers' Accounting Responses [J]. Journal of Accounting & Economics, 1994, 17(3).

[300] Teoh, S. H., Welch, I., Wong, T. J.. Earnings Management and the Long-run Market Performance of Initial Public Offerings[J]. Journal of Finance, 2010, 53(6).

[301] Thomas J., Zhang F.. Valuation of Tax Expense[J]. Review of Accounting Studies, 2014, 19(4).

[302] Tobin, J.. A General Equilibrium Approach to Monetary Theory[J]. Journal of Money Credit & Banking, 1969, 1(1).

[303] Trezevant, R.. Debt Financing and Tax Status: Tests of the Substitution Effect and the Tax Exhaustion Hypothesis Using Firms' Responses to the Economic Recovery Tax Act of 1981[J]. The Journal of Finance, 1992, 47(4).

[304] Weber, D. P.. Do Analysts and Investors Fully Appreciate the Implications of Book-tax Differences for Future Earnings? [J]. Contemporary Accounting Research, 2009, 26(4).

[305] Weisbach, D. A.. Ten Truths about Tax Shelters[J]. SSRN Electronic Journal, 2002, 55(2).

[306] Whitaker, C.. How to Build A Bridge: Eliminating the Book-tax Gap[J]. Tax Lawyer, 2006(59).

[307] Wilson, R.. An Examination of Corporate Tax Shelter Participants[J]. Accounting Review, 2009(84).

[308] Wu, W., Wu, C., Zhou, C., Wu, J.. Political Connections, Tax Benefits and Firm Performance: Evidence from China[J]. Journal of Accounting & Public Policy, 2012(3).

[309] Yu, Hsing. Estimating the Laffer Curve and Policy Implications [J]. The Journal of Socio-economics, 1996, 25(3).

[310] Zhang, J.. The Contracting Benefits of Accounting Conservatism to Lenders and Borrowers[J]. Journal of Accounting and Economics, 2008(1).

[311] Zhang, W.. Decision Rights, Residual Claim and Performance: A Theory of How the Chinese State Enterprise Reform Works [J]. China Economic Review, 1997(1).

[312] Zimmerman, J. L., Watts, R. L.. Positive Accounting Theory[M]. Englewood Cliffs, N. J. : Prentice-Hall, 1986.